ちくま新書

性と愛の日本語講座

小谷野 敦
Koyano Atsushi

JN226928

418

性と愛の日本語講座【目次】

「パートナー」という言葉——まえがきにかえて

一九九〇年代に入ってからだと思うのだが、自分の夫や恋人を「**パートナー**」と呼ぶ女性（特にインテリ）が増えてきた。最近は男でもそう言うのがいる。これが私は個人的に気持ち悪い。米国の日本文学研究者のスーザン・ネイピアさんに、あれ、気持ち悪くないですか、と訊いたら、気持ち悪い気持ち悪い、と同意してくれた。この会話は日本語で行われたので、なんだかおかしかった。けれど、日本人が言うから気持ち悪いのではない。英米ではそういう言い方をしないのである。英語では、これは、もちろん仕事上の相棒、という意味が第一だが、日本人が使っているような意味では、「夫、妻」という意味しかない。恋人を「パートナー」と呼ぶのは、誤用か和製英語なのである。

なぜそういう言い方をするようになったのか。まず夫婦のほうからいくと、日本では他人に向かって自分の配偶者を指して、「主人」とか「家内」とか言ってきた。さすがに、男女平等の世の中でこれはまずい、ということになった。「奥さん」というのも、奥の方《ほう》にいるようでまずい。けれど、「妻」とか「夫」とか呼ぶのは、何か気がさすらしい。特に、他人に向かって「あなたの夫は」とか「あなたの妻は」とは言いにくい。というより、言えない。さらに、「事実婚」をしている結婚制度否定主義のフェミニストは、こういう言葉を使いたくないらしく、それで「パートナー」になるのかもしれない。けれど、夫婦の場合は、まだいいのである。事実婚だろうが何だろうが、「誤用」ではないのだから。

†「恋人」という言葉の歴史

とにかく気持ち悪いのは、恋人の「パートナー」呼ばわりである。もっとも、これには歴史的な理由がある。もともと日本で「**恋人**」という言葉はあまり一般的ではなかった。あったとしても、「人を恋している者」という意味か、そうでなくても、今想像されるような使い方では、あまり使われなかった。「**恋愛**」という言葉が明治より前にはなかったということは最近言う人が多いが、「恋人」という言葉が一般化するのは、恋愛より遅いかもしれない。小学館の『日本国語大辞典〔第二版〕』（以下、何度も出てくるので「ニッコク」という通称を使う）で、「恋人」の用例を調べると、近松門左衛門の浄瑠璃『絶狩剣本地《もみじがりつるぎのほんち》』（正徳四年＝一七一四）から、「文箱《ふばこ》明くるも恋人に、大だかのむすび文、まいる身よりの御すさみ」というのが、それから、並木五瓶《なみきごへい》作の歌舞伎『金門五山桐《きんもんごさんのきり》』（安永七年＝一七七八）から、「お姫さまの恋人は誰れあらう、今の世の業平と呼ばれる、久秋さまの御家人、瀬川采女《うねめ》さまぢやわいなあ」というのが引かれている。たしかに、現在普通に使われている「恋人」の意味である。ところが、夏目漱石の『それから』（明治四二＝一九〇九）に、こんな一節がある。

代助の言葉には、普通の愛人の用いる様な甘い文彩《あや》を含んでいなかった。

これは、主人公・長井代助が、人妻である三千代に「**愛の告白**」をした直後の文である。『それから』の前に『朝日新聞』に連載されていた『煤煙』は、漱石の弟子、森田草平が、妻子ある身でありながら、教え子の平塚明子《はるこ》（後のらいてう）と心中未遂事件を起こしてスキャンダルになり、その経緯を小説にしたものだが、この中にもふんだんに「愛」や「恋」は出てくるのだが、いっかな「恋人」という言葉は出てこない。また、菊池寛の『貞操問答』（昭和一〇年＝一九三五）の冒頭近くには、こんな一節がある。

美沢が、美和子の姉の新子と知り合ってから、もう二年になる。二人は、友人であるといってもよいし、愛人同士であるといってもよいような、即かず離れずの間だった。

（「姉の愛人」）

つまり肉体関係などないのだが、この作ではずっと「**愛人**」で通している。

「恋愛」という言葉が近代になって作られたものであることは、つとに指摘されている。明治二十年代以降、文学作品には、「恋愛」はもとより「愛する」とか「恋している」とか「ラブしている」などといった表現は頻繁に出てくる。ところが、「恋人」に相当する表現というのは、なかなか意味的にも不安定で、落ちつくことがないのである。現代日本では、「恋人」といえば、夫婦ではないカップルのことを指すのが一般的で、「愛人」といえば、妻のある男が別にこしらえた女を指すのが普通だろう。けれど、そういう意味が定着したのは、たぶん一九六〇年ころだ。

†「恋人」と結婚の関係

徳川期には恋愛関係にある相手のことは、「**情婦**」「**情夫**」と書いて「いろ」と読ませるのが一般的だった。ところが、こういう表現には、自ずと「下等な関係」というニュアンスがある。「恋」もまた、徳川後期には遊廓での娼婦相手のそれを指すようになっていたため、素人娘を相手とする「恋愛」という言葉が発明されたのである。ほかにも明治期には多くの恋愛小説が書かれているのだが、どうも「恋人」という語にお目に掛かることが少ない。ニッコクに出ている近代小説からの用例は、有島武郎の『或る女』(大正八年=一九一九)から、「葉子と貞世とは恋人のやうに抱き合ひながら」という箇所で、これは冒頭近く、主人公・早月葉子が米国へ出航する前の、妹との別れの場面だ。後に葉子は、木村という許嫁《いいなずけ》がありながら、船の機関長で妻子のある倉知と恋に落ちるのだが、その辺にはいっかな「恋人」という言葉は出てこない。しかしより早い用例として、ニッコク第二版では、明治三三年（一九〇〇）初出の落合直文の短歌、

砂の上にわが恋人の名をかけば波の寄せきてかげもとどめず

というのがあげられている。

先の引用で漱石が「恋人」という言葉を使わなかったのは、三千代が人妻だからではなく、その当時まだ「恋人」という言葉が、下等なニュアンスを含んでいたからではないか。そもそも、明治期に「恋愛」という概念が作られてからも、一九七〇年ごろまでは、それは「結婚を前提とした」ものだった。明治三十年代にベストセラーになった小杉天外の『魔風恋風《まかぜこいかぜ》』（明治三六年＝一九〇三）では、許嫁のある男が、その許嫁の親友で、小説のヒロインである女子学生・萩原初野と相愛の関係になってしまい、彼女に恋を打ち明けて受け入れられるのだが、彼女と接吻して有頂天になった彼のせりふは、

「僕のような者でも、結婚して下さるのですね？　夫にして下さるのですね？」

なのである。結婚するかどうかわからない恋人関係などというのは、この時代には下等なものとしてしか存在しなかったのだ。だから、『魔風恋風』には、「恋人」という言葉は出てこない。人々が女学生たちの男関係を指して使う言葉は「女」「男」である。つまり、「あれがお前の女か」みたいな言い方だ。

†肉体関係がなければ「恋人」ではない

逆に、「恋人」という言葉の意味を明快に定義しているのは、やはり明治三十年代のベストセラー、小栗風葉の『青春』(明治三九年＝一九〇六刊行)の主人公・関欽哉で、彼は結婚を否定する恋愛至上主義者で、「何も那様《そんな》形式の束縛を受けなくとも、お互に相愛《あひあい》したら、其儘《そのまま》何時までも美しい恋人の関係で居たら可さゝうなものですのに、ね」と、女子学生・小野繁を口説いて、妊娠させてしまうという、そういう話なのだが、つまりこの時点では、「恋人」というのは、結婚を前提としない、おそらく肉体関係を含む関係を意味していたのである。

大正九年(一九二〇)に新聞に連載された菊池寛の『真珠夫人』は、日本近代の通俗恋愛小説における画期的な作品とされている。それまでにも、「家庭小説」と呼ばれる通俗恋愛小説は、今では名前も忘れられてしまったような作家たちによって多く書かれていたのだが(真銅《しんどう》正宏

『ベストセラーのゆくえ』翰林書房、に詳しい)、それが往々にして、貞淑なヒロインの苦難を描くものだったのに対して、『真珠夫人』の瑠璃子は、積極的に男に向かってゆく新しいヒロイン像を打ち出したと言われている。この作品は二〇〇二年にフジテレビの昼の連続ドラマとして放送されて大ヒットし、時ならぬ菊池寛ブームを巻き起こしたが、菊池はその後も、新聞や女性雑誌に、この種の恋愛小説を次々と発表した。ところがこの『真珠夫人』では、瑠璃子が最後まで思いつづけた杉野直也は「恋人」と呼ばれている。もちろん二人に肉体関係はない。だが、先に触れた昭和一〇年の『貞操問答』では、やはり肉体関係のない相手が「愛人」と呼ばれているのだ。

菊池寛『処女宝』三河書房

中華人民共和国成立後のシナでは、妻のことを「愛人(アイレン)」と呼んでいる。「愛」という語は、「恋」より精神的な意味を持つものとして近代日本で使われるようになり、それがシナにも逆輸入されたのである。ところが、それなら、「恋人」は結婚はしていないが肉体関係のある相手、「愛人」は肉体関係のない、または結婚した相手に使われるのが筋というものだろうが、どういうわけか、大正から昭和戦後まで、この両者はかなり混乱した使われ方をしており、最終的には、日本では「愛人」は、もっぱら結婚外恋愛の相手を指して使われるようになってしまったのだ。

†「性と愛の日本語講座」の方法

さて、本書では、こういった、恋愛や性に関する言葉の変遷を、徳川後期から昭和期までを対象にして論じていこうと思っている。私は『〈男の恋〉の文学史』（朝日選書）で、平安朝の『伊勢物語』から大正時代の近松秋江まで、「男が恋する」という側面から、西洋やアジア諸国との比較も行いながら日本の恋愛思想の変遷を辿ってきたのだが、そのあとはやるとしたら昭和期のことになるなあ、などと思いつつ調べていたら、どうもこういった「ことば」の変化を中心にしたら面白いのではないか、と気づいたのである。

そこで二〇〇一年の一年間、大修館書店の『月刊言語』という雑誌に「小谷野敦の恋のことば」というのを連載させてもらって（なおタイトルに自分の名前を入れるなどというのは大それたことだが、気づいた時にはそれでレイアウトができていたのであって、私の意向ではない）、これを基にふくらませることにした。

昭和期の恋愛思想については、すでに日本近代文学研究者・藤井淑禎《ひでただ》の『純愛の精神誌』（新潮選書）のような仕事があって、大いに刺激になったし、文学作品を題材にするにしても、純文学より大衆文学、特に今では忘れられたり読まれなくなったものを使ったほうが、当時の中間的な層の意識がわかる、ということも藤井氏の仕事から学んだようなものだ。

なお引用、言及するテクストの年代表記だが、日本人読者はやはり元号で言われたほうがわかりやすいので、元号＝西暦、という表記を用いるが、一九八〇年代以降はむしろ西暦のほうがわかりやすいので西暦のみとする。昭和三十年代、のような言い方と、一九七〇年代、という言い方が混在しているが、その場その場で使い分けている。

また本書には、前近代の日本文藝の引用がよく出てくるが、そのジャンル名について、紛らわしいところを説明しておく。「浄瑠璃」というのは、現在「文楽」と呼ばれている、人形を使い、太夫が語り、三味線がつく藝能のテキストだが、これは歌舞伎になっているものが多い。『仮名手本忠臣蔵』なども、もとは浄瑠璃である。また「雑俳《ざっぱい》」というのは、俳諧（俳句）をより庶民的にして季語をなくしたもので、前句付《まえくづけ》、冠付《かんむりづけ》、沓付《くつづけ》、川柳などを含む。前句付は、五七五七七のうち、下の句が与えられて、それに後から上の句を付ける遊びで、たとえば「斬りたくもあり斬りたくもなし」に対して「ぬすびとを捕らえて見ればわが子なり」を付ける（『岩波国語辞典』を参照した）。ここから上の句が自立したのが川柳で、このジャンル名は、柄井《からい》川柳（一七一八—九〇）という前句付の大成者から取られている。だから近世において雑俳と川柳の間に明確な違いはない。むしろ、卑猥なものが雑俳と呼ばれていると考えてもいいだろう。散文のもの、つまり物語に関しては、「黄表紙」というのは、絵本状の短いもので、絵の中に文が書かれており、内容もたわいない。これが本格的な長編になると「合巻」と呼ばれる。これらに対して、挿絵と文章が分離したものが、遊里を描いた「洒落本」、「滑稽本」、男女の色恋を扱った「人情本」、歴史物語などの「読本《よみほん》」である。つまりこの分類では、内容によるものと形式によるものとが混在している（合巻と読本は、内容的にはむしろ近い）。

もう一つ、「春本《しゅんぽん》」があるが、これは色刷りの挿絵（浮世絵）つきが普通で、「艶本」「会本」（いずれも「えほん」と読む）とも呼ばれるが、挿絵は男女交合図がふんだんに出てくる。人情本でも、よく知られた為永春水はむしろおとなしいほうで、内容的には春本に近いものが、幕末から明治にかけてたくさん作られ、その全貌はまだよくわかっていない。

第一節　「恋人」の歴史

†「いろ」と「おっこち」

さて、序文の続きである。「恋人」という意味で徳川時代から使われていたのは「**いろ**」だが、太平洋戦争後まで、男にとっての「いろ」は、第一に玄人女《くろうと》だった。女にとっては、下層階級ではやはり戦後まで、「恋人」は「いろ」だったし、「いろ」の他には、「いい人」などという表現もあった。中流階級では、結婚の約束もなく男とつきあえば、不良扱いされた。だから、素人の男女の関係は、中流階級では、公明正大なものとしては「いいなずけ」しかなかったのである。それが、戦後は「フィアンセ」と呼ばれたりした。

そのほか、徳川期から明治ころまで隠語として使われていた言葉で、「**おっこち**」というのがある。これで恋人の意味であり、「落っこちる」は、いま普通、「落ちる」の東京方言とされているが、徳川期からあり、『江戸語の辞典』では①としては「落ちる」の意、②として「惚れる。参る」の意味があり、松亭金水《しょうていきんすい》の人情本『郭の花笠』（天保八年＝一八三七）から、「所が又其の聟さんがお前、どんなにおっこちて居るだらう」があがっており、「おっこち」のほうは、「参っていること。惚れていること。また、情人、愛人。いろ。男女いずれにもいう。寛政頃から現われるが、特に天保年中盛んに行われた」とあって、山東京伝の黄表紙『福徳果報兵衛《ひょうえ》伝』（寛政五年＝一七九三）から「馬鹿がおっこちを待つやうに」があげられている。もっとも、情人、愛人といっても、かなり人目を憚る関係に使われるもので、「堕落」と書いて「おっこち」とルビを振っている例もある（梅亭金鵞《ばいていきんが》の人情本『春情《しゅんじょう》花の朧夜《おぼろよ》』万延年間）。

　こういう言葉を使っていたのは当時の下層階級、ないし遊冶郎だが、最近の日本人は「中流階級」という言葉の意味を取り違えているようなので説明すると、英国で「ミドルクラス」といえば、「ワーキングクラス」（労働者階級）と区別されるもので、十九世紀後半においては、この二つを区別するのは、使用人がいるかいないかだった（新井潤美『階級にとりつかれた人びと』中公新書、に詳しい）。

「上流階級」といえば「貴族」である。これに準ずるなら、日本で「上流階級」と言えるのは、皇族、華族、あるいは財閥くらいであって、『細雪』に描かれたような商人の家は「中流」であり、現在の、公団住宅や団地に住んでいたり、一戸建てのローンを抱えていたりするのは「下層」としか言いようがないのである。私なぞ、もちろん下層階級である。

　話を戻すと、公明正大な、かつ肉体関係のない「恋人」というものが想定されていたのは、だから一九七〇年代の十年間とその前後だけ、と言っても過言ではないのではあるまいか。八〇年代に入ると、もう肉体関係を持つのが普通になってゆくからだ。だから、若い人は「**彼氏**」とか「**彼女**」とか言うのである。

†「パートナー」「ステディ」「スイートハート」

「パートナー」については、もちろん、フェミニズムの影響もある。「パートナー」というと、いかにも「対等」な感じがするのだろう。しかし、それだけではないと思う。以下は「邪推」だが、女の人は、「恋人」という言葉に、肉体関係が主目的のつきあいであるかのような印象を受けて、忌避するのではあるまいか。私が「気持ち悪い」と思うのは、そこのところなのである。「パートナーシップ」というのは、互いに助け合い、高め合う関係である、みたいな「きれい事志向」が見え隠れするのである。肉体関係が主目的で、いいではないか。

　もっとも北米でも「**ラヴァー**」とは、普通言わない。「**ボーイフレンド**」「**ガールフレンド**」である。北米では、四十、五十になっても「ボーイフレンド」である。これも気持ち悪い。日本では七〇年代、この言葉は「恋人ではない異性の友だち」を意味する言葉としてわずかな期間流通したが、北米での意味と区別がつかなくなったせいか、いつしか廃れていった。あるいは「**ステディ**」というのもあって、私個人はどうせならこの言葉のほうが「パートナー」よりはましだと思う。和英辞典で調べて、「**スィートハート**」なんて英作文に書く学生もいるが、そんな言葉、今は使わない。

フランス語では「恋人」は「プティタミ（petit ami(e)）」（小さな友だち）だから、やはり「友だち」が入っている（「アミ（エ）」が友だち）。ただし最近では「**アミ**」に所有形容詞を付けただけで恋人を意味するようになったそうだ。つまり「モナミ（エ）」が「私の恋人」である。では異性の友だちは何と言うのだろう、と思ったら、友だちの一人（un des mes amis）とか「コパン／コピン」（copain,-e）とか言うのだそうだ。ほかにそれこそ「彼氏」に当たる俗語の「メク」（mec）というのもあって、これを使う女の子が「モナミ」と言ったら、男友だちのことかもしれないそうだ（筑波大の平石典子氏に教えてもらった）。ああ、ややこしい。

†「チャタレイ夫人」の「愛人」？

話を日本に戻そう。昭和一二年（一九三七）に刊行されてベストセラーになった石坂洋次郎の『若い人』でも、主人公である女学校の国語教師・間崎と女学生で娼婦の娘である江波恵子が、最後のほうで肉体関係を持ってしまってから「恋人」という言葉が出てくる。この作品は発表当

『チャタレイ夫人の恋人』（1955／仏）
写真協力（財）川喜多記念映画文化財団

時から四回映画化されているが、いちばん有名な三回目の、石原裕次郎・吉永小百合主演のものでは、二人の肉体関係など描かれていないし、このむやみと長い小説を今読む人はあまりいないだろうから、びっくりするかもしれないが、そうなのだ。昭和一六年（一九四一）の、堀辰雄の『菜穂子』でも、ヒロインと感情の交流があったらしい男、都築《つづき》明は、田舎の娘で許嫁のいる早苗という女と氷室で「あひびき」を続けているが、べつだん彼女の結婚を妨害しようというほどの熱意があるわけでもない。その早苗のことも「恋人」と呼んでいる。

昭和二五年（一九五〇）に伊藤整が『チャタレイ夫人の恋人』の無削除版の翻訳を刊行して猥褻罪で訴えられたのは有名な話だ。ただし削除版はその十五年前にやはり伊藤が同じ題で出している。問題はその「恋人」という訳語だが、ご承知のとおりこれは姦通小説で、「恋人」と訳されたのは原題では「ラヴァー」であり、これは今なら「愛人」と訳されるはずだ。つまりこの時点でも、恋人という言葉には、肉体関係のある者、というニュアンスがあったのである。「恋人」という言葉が、肉体関係のないものを指して使われるようになったことがはっきりするのが、昭和四四年（一九六九）のヒット曲「白い色は恋人の色」（ベッツィ&クリス）ではないだろうか。「白い色」は、純白、純潔を思わせる。それまでの「恋人」という言葉の淫靡な語感は、この辺まででぬぐい去られたのではないかと思う。もっとも、大正時代に学生の間でよく読まれた、阿部次郎の『三太郎の日記』とか、倉田百三の『愛と認識との出発』のような評論類では、きれいなイメージで「恋人」は使われている。たぶん、評論なので、彼らの用法は多分に「恋愛」を理想化した上でのものだったのだろう。

昭和四三年（一九六八）の石川達三『青春の蹉跌』では、主人公である法学部学生・江藤賢一郎の恋人である大橋登美子は「愛人」と呼ばれている。地の文のみならず、登美子自身のせりふでも「息子の愛人なんて、母親から見ると、憎いもんだって言うわねえ」などと言われている。二人とも独身で、この言葉が出てくるのはスキー場でセックスをしてからだが、江藤は貧しい登美子と結婚するつもりはなく、裕福な伯父の娘との結婚をもくろむエゴイストとして描かれている。石川があえてこの言葉を使ったのは、おそらくそういう関係の醜さを強調するためだったのだろう。

†「恋人」はもう使えない

しかし、一九七〇年代に「恋人」という言葉が、付き合っている独身男女の関係を表す言葉として定着したとはいえ、ほぼ十年ほどで、この言葉はもう古めかしくなってしまっていた。五輪真弓の「恋人よ」（一九八一）とか松任谷由実の「恋人がサンタクロース」とかいうのは、歌だからかろうじて使えているのであり、八〇年代になると、歌のなかでさえ、使いにくくなってきた。その代わり、口語で盛んに使われるようになったのが「彼氏」「彼女」である。宇野浩二の長編『思ひ川』（昭和二六年＝一九五一）には、昭和六年ころのこととして、「彼氏」という言い方がはやっていた、と書いてある。しかし作中でこれを使っているのは元藝者だし、いかにも若者言葉、下層民的な言葉であって、その当時はもちろん、今でも高学歴層や二十五歳過ぎの者には使いにくい。そこで自ずと大学を出た女たちやフェミニスト気取りの男たちは適当な言葉がなくなって「パートナー」へ逃げ込んだのだ、

ベッツィ＆クリス
『白い色は恋人の色』

と言えるだろう。

†「愛人」は男を指す言葉だった

では、「愛人」はどうなのか。この言葉は、今では、妻のある男の、別の女、という意味でもっぱら使われている。けれど、さきの漱石の用例で見たように、元はそういう意味ではなくて、男にも使った。大正一三年(一九二四)に連載が始まった宮本百合子の自伝的長編『伸子』には、宮本の最初の結婚相手で、作中「佃《つくだ》」という名で出てくる男は、米国で主人公・伸子と恋愛関係になるのだが、そこで佃は「愛人」と呼ばれており、そこには何ら疚しさの意識が感じられない。むしろ「恋人」と言うより、「愛人」と呼んだほうが、西洋的教養のもとで育てられた宮本には、近代的で清潔な響きを持っていたのだろう。

昭和元年―二年(一九二六―二七)には、細田民樹というプロレタリア作家の『愛人』という長編小説が『婦女界』に連載され、刊行されている。しかし中身は、独身男女の三角関係などで、別段「愛人」という言葉が強調されて出てくるわけではない。敗戦後、昭和二四年(一九四九)から連載の始まった林芙美子の『浮雲』で、ヒロイン幸田ゆき子は、戦争中仏印で知り合った富岡という妻のある男と恋愛関係になり、引き揚げ後も関係は続き、富岡はほかにも女をつくる、実にだらしのない女たらしで、ゆき子は富岡の子を堕胎し、富岡の妻は死に、二人はようやく夫婦らしきものになるのだが、この、歴然たる「愛人」の立場にあるゆき子を指して「愛人」という言葉は使われていない。一度だけ、仏印時代の関係を「恋人」と言っているだけである。

ニッコクの「愛人」の項目を見ると、もとは「人を愛する」という意味で使われていたとある。といっても特定の人ではなく人類愛とか同志愛のようなもので、西郷隆盛の座右の銘だった「敬天愛人」などが、それである。そして、江戸時代末頃から、honey, lover, sweet-heart などの翻訳語として、現在の意味で使われるようになった、とある。その初出は一八六二年の『英和対訳袖珍《しゅうちん》辞書』の「honey　蜂蜜、愛人」である。用例としてはその後、北村透谷と漱石が続く。

戦後のものとしては、庄野潤三の芥川賞受賞作『プールサイド小景』（昭和二九年＝一九五四）から、「姉の方にはパトロンとか愛人らしきものは居ない様子で」という部分があげられている。この「姉」というのは、主人公がよく行くバアをやっている「美貌で素っ気ない姉と不美人でスローモーションの妹」の、姉のほうである。

ところでこの作品では、主人公の男の妻が、夫に女がいる、と想像するのだが、そこでは「愛人」という言葉は出てこない。ニッコクの用例も、男の「愛人」のことで、後年のように女に特化されてはいない。

あるいはその翌年（昭和三〇年＝一九五五）発表、芥川賞を受賞してセンセーションを巻き起こした石原慎太郎の『太陽の季節』にも、「他に女をつくって家を空けた父への面当てに、若い愛人をつくった母親の顔を足で蹴とばしたと言われる友人は」という一節があり、やはり「愛人」は、「男」なのだ。

†「恋人」と「愛人」の意味分離

ところが、昭和三四年（一九五九）一月一日から『毎日新聞』に連載が始まった丹羽文雄の長編『顔』には、妻のある男の女、という意味での「愛人」が五回出てくる。さらに昭和三六年（一九六一）の舟橋聖一『ある女の遠景』には「恐らく自分の娘が、妻子のある男の愛人になることほど、親にとって、悲しく辛いことはあるまい」とあるから、まったく現在の「愛人」の用法である。もっともその直後に「側女」などという言葉も出てくる。おそらく、丹羽、舟橋、芹沢光治《こうじ》良《ろう》、石川達三といった風俗小説家の作品を探せば、もっと早い用例があるのだろう。けれど、たぶん昭和三十年代の半ばくらいに、「愛人」のこういう使い方が一般化し始めたのだと思う。

丹羽は、昭和三一年（一九五六）に、ずばり『愛人』という題の小説を刊行しているが、ここでも「愛人」はあまり出てこず、複数の女と付き合うような男を主役に、「恋人」という言葉がもっぱら使われており、「××××という愛人がいながら別の女とも……」といった使い方がちらりと出てくる程度だ。もしかすると、「愛人」のこういう使い方を意識的に広めたのは、丹羽かもしれない。

なお、ニッコクには、「語誌」として、「第二次大戦後、新聞などで『情婦』『情夫』の婉曲的表現として用いられるようになってから一般化する」とあるのだが、これはやや疑わしい。『朝日新聞記事にみる恋愛と結婚』（朝日新聞社・編、朝日文庫）を見ると、大正期から「愛人」は使われているからである。それ以前は確かに「情夫・情婦」だが、大正一〇年（一九二一）六月、産婦人科医の娘で十八歳の浜田栄子が自殺した記事で、「愛人野口氏」というのが出てくるし、同年の歌人・柳原白蓮《びゃくれん》の駆け落ち事件でも、「悩みの生に新しく得た愛人」というリードがあり、一二年の理学博士・石原純《あつし》と歌人・原阿佐緒《あさお》の恋愛問題でも、「愛人原阿佐緒女史」とあり、やはり同年の有島武郎の心中事件でも、「愛人たる若い女性と」というリードがある。ちょうどこの頃、厨川白村《くりやがわはくそん》の『近代の恋愛観』が話題になっていたので、「恋愛」美化の動きに連れて、「情夫・情婦」は「愛人」になっていったのだと思われる。

†「お嬢さん」への憧れ

ところで、萩原朔太郎の詩「緑色の笛」（『青猫』大正一二年＝一九二三）に「さびしいですか　お嬢さん！」という一行があり、やはり朔太郎の「ある風景の内殻から」（『萩原朔太郎詩集』

昭和三年＝一九二八）にも「やさしいお嬢さん！」という呼びかけがある。これについて朔太郎は、後にこう書いている。

二篇の詩で、私はOjo-san（お嬢さん）という語をモチーフの主語に用いた。現代日本の日常口語には、恋人を呼びかけるよい言葉がない。「あなた」は無内容で空々しく、少しも親愛の情がない言葉であるし、「お前」は対手《あいて》を賤しめて軽蔑している。昔の古い文章語には「君」とか、「妹《いも》」という優しく情愛のこもった言葉があったが、今の猥雑な日本語には、そうした美しい言葉が全くない。（中略）
さて私としては、Ojo-sanという言葉の響きに、音韻の特殊な美しさを感じている。
（後略）

（「自作詩自註」）

口語と文章語を混同しているし、近世のことも考えていない雑な議論ではあるが、むしろここには室生犀星と同じような、大正期詩人の、「良家のお嬢さん＝清純な処女」への憧れが見て取れると思うのだが、どうだろう。

†恋愛の形が定まらなくなった

六〇年代以降は、恋愛形態の変化は、西洋でも日本でもかなり激しかった。草野いずみ・棚沢直子の『フランスには、なぜ恋愛スキャンダルがないのか?』(角川ソフィア文庫)によれば、まず、日本で言う事実婚に当たる「ユニオン・リーブル」という関係が出現し、法的にもそれが夫婦と同じように扱われるようになると、一緒に住まずにときどき行き来するだけの「**ソロ**」という関係が現れたという。日本ではそれほど激しくないが、そうなるとそれに応じて「恋人」に当たる言葉も変わらざるをえないのである。

こうして見てくると、恋愛や性に関する言葉は、六〇年代以降、定着しない言葉になってしまい、ある言葉が広がっても数年のうちに別の言葉に取って代わられるようになったらしいということがわかる。これはおそらく、現代の恋愛が、「制度から自由なもの」というイメージを持たされていて、ある言葉が定着してしまうと、たちまち制度にからめとられたような感じがするからだろう。しかし所詮、恋愛だって制度なのだ。私が「パートナー」が気持ち悪いと思うのは、自分は新しいと思いたがるインテリ的スノビズムを感じるからだろう。

第二節　デート、逢い引き、ランデヴー

†「セックスがしたいだけ?」――「デート」と「ランデヴー」の場合

　ある女性から聞いた話である。彼女がある男と付き合っていた時、一緒に映画を観ていても、男のほうは、早く映画なんか切り上げて一室に籠もって性戯をしたくてもそもそしているのがわかって嫌だった、というのである。

　たしかに、私の乏しい経験と耳学問から言っても、女とデートする、というだけで喜んでいる男というのは、ほとんど女と付き合うのが初めて、というような男であって、いったん肉体関係を持ってしまうと、もうデートなぞというまどろっこしいことをしているより、セックスないしそれに準ずる行為をしたい、と思うもののようである。これに対し、女はわりとデートそのものを楽しむ傾向がある。それで、男が先の話のようにもそもそしたりしていると、

（この人、私が好きなんじゃなくて、セックスがしたいだけなんじゃないかしら）というような疑念を抱くのである。ここに、「恋愛／性欲」という二項対立概念があることは、あとで述べる。

ところで、**「デート」**はもちろん、英語である。名詞でもあるが動詞でもあって、デートしている、と英語で言えば（dating）、「付き合っている」という意味、あるいは男女が二人で出かけるという意味になる。山本リンダの『こまっちゃうナ』（遠藤実詞・曲）がヒットしたのは、昭和四一年（一九六六）のことだ。ここでヒロインはデートに誘われて「まだ早いかしら」と悩む。ところで、年配の人なら、これより前には**「ランデヴー」**という言葉が一般的だったことを知っているだろう。美空ひばりの『すてきなランデブー』（原六朗詞・曲）のヒットは、昭和三〇年（一九五五）のことだ。

ニッコクで「ランデブー」を調べると、芥川龍之介の『或阿呆の一生』（昭和二年＝一九二七）に「少しもこのランデ・ブウに興味のないことを怪しみながら」という用例がある。これは「狂った娘」とのランデヴーということになっているが、研究によればかなり芥川を悩ませた人妻の愛人、秀しげ子とのことらしい。

昭和一四年（一九三九）の高見順『如何なる星の下に』には「どうです。倉橋君、ひとつ小柳君とランデヴーに行っては」というのがあるが、倉橋は主人公兼語り手の小説家で、小柳雅子は彼が憧れている浅草の踊り子だから、素人娘ではない。しかもこの小説の後のほうで、銀座の裏のほうにある「特殊喫茶」の「所謂喫茶ガール」が男と一緒にいるのに出会う場面があって、「こういう工合に銀座の女たちがランデヴーに浅草を利用しているのに」とあるから、要するに娼婦が客を待合に連れ込むのをもランデヴーと言っているのである。戦前の日本では、未婚の男女がおおっぴらにデートするということは、中産階級では普通ではなかったから、それが大衆の間に広まったのはやはり昭和三〇年ころ、と考えられる。

†「逢い引き」はセックスを伴う

「ランデヴー」はフランス語（rendez-vous）で、「デート」は英語だが、ならばこの行為を日本語で何と言うか、といえば、普通は「**逢い引き**」である。ほかに、同じあいびきでも、「媾曳」という難しい字を書く場合もある。この「媾」という字は、女偏から何となくわかるように、結婚とかそういう意味のほか、交合、要するにセックスそのものを意味する。

そしてこういう字が使われていることからもわかるように、あいびきというのは、厳密に言うとデートとは違って、基本的に男女が会ってセックスすることだったのである。前にあげた石川達三の『青春の蹉跌』でも、江藤賢一郎は大橋登美子とセックスをしたあと、「結婚の約束はしなくて済む。そして媾曳きは続けられる」と考えている。つまり一時的に性の満足を得ようとしているのだ。

その様子は徳川時代なら、花咲一男『江戸の出合茶屋』（三樹書房）、戦後のことなら井上章一の『愛の空間』（角川選書）に詳しいけれど、逆にデートというのは、基本的にセックスを含まない。最近ではちょっと事情が違ってきたかもしれないが、それでも「セックスありのデートに誘った」というように、セックスとはとりあえず切り離されたものとして、デートというのはあるのである。

しかも、今の文章を、「逢い引きに誘った」とは言い換えられない。逢い引きというのは、すでに肉体関係にある男女がするもの、ないしは逢って関係を持とうとする男女がするものだからである。たとえば堀辰雄の掌編小説『あひびき』というのがあって、昭和六年（一九三一）に発表されているが、ここに出てくる恋人たちも、坂道を降りてきて、

さつきから自分等のための love-scene によいやうな場所をさんざ捜しまはつてゐるのだが、それがどうしても見つからないですつかり困つてしまつてゐるやうな（後略）

とあって、結局そこにあった西洋人が住んでいたらしい空き家を見つけ、「ここなら誰にも見られつこはあるまい」「ええ、私もさう思ふの……」とばかりに中へ入ろうとするのだがちょっ

としたことから止めてしまうという話だ。ロマンティックな作家だと思われている堀辰雄においても、「あいびき」とはこういうものだったのだ。

同じ堀の『菜穂子』(昭和一六年＝一九四二)にも、麻布の小さなホテルについて、ヒロインの夫が「同僚と一しよに偶然その前を通りかかつた時、相手が此処を覚えておけよ、いつも人けがなくてランデ・ヴウには持つて来いだぞと冗談半分に教えてくれた」という箇所がある。ランデヴーでも、やはり逢い引きと同じようなものだったのだ。

†「デート」とは二人で遊びに行くこと

その違いは、デート、というものがどういうものか考えてみればわかるのであって、たとえば「デート・スポット」などという言葉があるように、デートというのは何らかの遊楽の地に二人で行くことなのである。それが映画館だったり、美術館だったり、遊園地だったり、劇場であったり、テーマパークであったりする。このうち、近代以前からあったのは劇場だけだが、近世の芝居小屋というのは、あまり恋人同士が行くところではなかった。むしろ家族揃ってとか、商家が主人から番頭、手代、女中その他総出で行くものだった。だいたい恋人同士が昼間から大手を振って人目につくところを歩くなどという現象自体が戦後のものなのである。

つまり、「デート」という概念の成立以前は、恋愛関係にある男女が逢って、映画を一緒に観たり一緒に食事をしたりするだけで別れる、などという発想が、あまりなかったのである。だから恋人たちは、近世なら「出合茶屋」、近代なら「**待合**」へ行ったりそば屋の二階（井上著参照）へ行ったりして性行為に及んだのであり、それが当然だったのだと言えよう。

明治四一年（一九〇八）に起きた森田草平と平塚明子《はるこ》の情死未遂事件では、二人は待合へ行っても性関係は結ばなかったらしいが、まあ、そういうこともあろう。明治三九年（一九〇六）の二葉亭四迷『其面影』は、婿養子の主人公が、妻の腹違いの妹と恋に落ちてしまうという筋だが、二人がまだ恋愛関係にない時、風呂屋の帰りに待ち合わせて話し合いをしたのに妻が気づき、夫と「安待合」にでも行ったのだろうと言って妹を責める場面があるが、これも、男女が「逢う」ことは直ちに性行為をすることだ、という当時の通念を示している。その点、夏目漱石の『三四郎』（明治四一年＝一九〇八）で三四郎と美禰子が二人で展覧会へ行くというような純然たる「デート」をしているのは、当時の読者にとってはかなり斬新だっただろう。

先に触れた『江戸の出合茶屋』は、とにかく一読を勧めたいが、こういう場所を利用したのは、だいたいが私娼の類とその客である。素人女で、男とこういう所でセックスしたのは、「町家の女性での出合茶屋利用者は後家と浮気娘位である」とある（一一八頁）。ここで「町家の女性」と言っているのは、表店《おもてだな》のちゃんとした家の娘、という意味であろう。地方から出てきて奉公している下女、子守といった娘も利用しただろうが、それはこの「浮気娘」の中には入っていない。

†「デート」に誘われて悩む理由

ところで、では山本リンダのヒロインは、なぜ悩んでいるのだろう。「デート」とは言いながら、内実は「逢い引き」なのではないかと思って悩んでいるのだろうか。が、「ママに訊いたらなんにも言わずに笑っているだけ」とあるし、ママはたぶんただ会って映画を観る程度の「デート」だと思っているのだろう。

ニッコクは第一版には「デート」の用例がなかったのだが、第二版では、阿川弘之の長編『ぽんこつ』（昭和三四―三五年＝一九五九―六〇、『読売新聞』連載）から、「勝利《かつとし》は、高橋の近くの古い『どぜう』屋で和子とデートをした」（「機熟す」）があがっている。しかしここでは、勝利は結婚の申し込みはしているけれど、セックスしているわけではない。ちなみに潮文庫版の阪田寛夫の解説によると、この小説が出るまで「ぽんこつ」という言葉は聞いたことがなかったというから、阿川が広めた語ではないか、ということだ。

しかしもっと古い用例がある。昭和三一―三二年（一九五六―五七）に『読売新聞』に連載された石坂洋次郎の『陽のあたる坂道』に、「毎週、金曜日の午後がデートに指定され」たとある。さらに昭和三〇年（一九五五）の仁戸田《にへだ》六三郎『現代娘のX』という本に出てくる。しかも内容が重要だ。現代娘は母親に相談もしないで「恋愛」をするけれど、親の世代では、恋愛云々といえばすぐホテルとか「さかさくらげ」とかを想像するが、現代娘はそんなものではなく、「今の娘や息子たちは、非常に素直な気持で、時には手をつないだりすることもある。それだからといって、必ず結婚するというわけではない。(中略)また、もし『デート』以上の相手がある場合は、それにはそれ相応の信頼感をよせる」。つまりここですでに、「デート」はセックス抜きのものとして捉えられているのだ。

ニッコクの用例は、あとは昭和四十年代の小説からだが、前から言われていることながら、ニッコクの用例は文学作品に偏っている。たとえば昭和三八年(一九六三)には、池田敏子の『デート・ブック』という本が刊行されている。池田は、『性生活の知恵』(謝国権)を六〇年に刊行してベストセラーにした池田書店の創業者で、明治三七年生まれ、昭和五九年に没している。『デート・ブック』は、当時五十四歳になる池田が、若い女性向けに男女交際の心得を説いたもので、当時としては進歩的な立場をとっている。その「はじめに」には、こうある。

さて、デートということばは、アメリカの若い男女、特にハイティーンの間にとりかわされている流行語、あるいは合いことばみたいなものでしょう。しかしこの頃は、日本の若い男女の間によく使われていて、「異性と逢う約束」という意味を一番よくつたえることができるのではないかと思います。そこで、私には大変不似合なことばですが、この外来語、流行語を使わせていただきました。そして、「時と所を決めて異性と逢う約束」という本来の意味のほかに、「若い世代の異性間の交際」という広い意味をこめたことばとして、使わせていただきます。（三頁）

そして、言葉の変遷にも触れて、「『逢びき』『ランデブー』『デート』……と、このように並べてみますと、古い時代の人たちが、とても新鮮ですばらしいことばとして、好んで用いたことばが、もうどんどん捨てられて、新しいことばにとりかえられていくことに気がつきます」と書いている。「私には不似合」というのは、五十代の池田としては、ということだろう。このあと、もっとおおらかであるべき男女交際が、大人たちの束縛や監視によって妨げられている、と述べられ、「日本ではまだまだこの『ことば』が流行っているほど自由に、あるいは映画やテレビでみる欧米諸国の若い男女のように、解放的にデートをしている人は少ないと思います」としている。だいたい当時の状況がわかる。

†デートの誘いに手紙はよくない？

面白いのでこの本をもうちょっと紹介しよう。目次には、大見出しと小見出しがあり、大見出しは「デートで大人に」「恋について」「デートとセックス」「デートとお金」「交際について」

「大人たちへの不満」「恋人と両親」である。やはり「デートとセックス」について、この当時、リベラルな五十代の女性がどう考えていたかが気になるところだが、前のほうを見ていこう。

デートの場所として池田が想定しているのは、「映画やお茶や、ボーリングやスケート」だが、これは「友だちづき合いのようなデート」である。そのあとに、「まずデートの誘い（申し込み）は、いうまでもなく男性から女性に対しておこなわれます」とある。これが「言うまでもない」ことだというあたりに、やはり時代を感じる。そして、初めてのデートの誘いに、手紙はよくない、と言い、「お互いに逢ったときつたえる、電話で直接誘う、相手の両親、兄姉にお願いしてつたえてもらうなど、気軽でスッキリした方法を選びましょう」とある。両親にお願いして、というのはちょっと今では考えられないことで、つまりこそこそしてはいけない、というのが池田の趣旨らしい。手紙を出したりすれば両親の目に触れて心配をかける、というのだ。だからどうしても郵便を使うなら、はがきにしましょう、とある。

志賀直哉の『暗夜行路』前編第一には、主人公・時任謙作の妹に恋文をよこした男の話が出てくる。志賀の若いころの実話に基づいているとすると、大正元年（一九一二）ころのことだろう。「草色の洋封筒に赤インキで……弱々しい安っぽい字で、裏には第○高等女学校寄宿舎より、志津子、封の所には『津ぼみ』と書いて」ある。女名前で、家族に知れないように出したもので、と言ってもその妹と知り合いなわけではなく、文面は「男女交際の真正なるものは一向差支えなきものと私推《しすい》仕り候」、何日学校の帰りに氷川神社境内で待つ、というようなことが書いてある。この男は「不良」と呼ばれている。もっとも、志賀の家は中流の上だからこうなるので、庶民の若い男女はこんなものではなかったろう。

恋文ついでだが、幸田文の『おとうと』には、大正一〇年（一九二一）ころのこととして、語り手のげんが恋文をつけられるようになる箇所があり、そのうちの一通について「紙もいやらしい花模様入りなどではない」とある。ということはその当時、花模様入りの便箋を使うのが普通だったということだろう。

『デート・ブック』に戻る。ことばの話から逸れてしまうのだが、こんなことが書いてある。「私たち日本人には、どうも女性が男性に、気持の上でも経済的にもオンブする習慣があって、それがいまだに抜けていないようです」として、暗に男が費用をもつ習慣を批判している。それでいて、「ワリカン・デートでも、あなたのお金は全部彼にあずけて実際の支払いは、彼にまかせてあげる」ことを勧めたりしている。そういうやり方があったのか。

待ち合わせの場所については、「駅の改札口、映画館の前なんて、感心しません」と言っている。ではどういう所がいいか。花屋の前、ある画廊の少女の絵の前、ホテルのロビー、図書館、銀行などが気がきいている、という。図書館はともかく、少女の絵の前はちょっとキザ、花屋の前では、店員に声をかけられたらどうするのかと気になるし、ホテルのロビーでは別の意味でまずいような気もする。

†お互いをどう呼びあうか?

お互いにどう呼びあうか、などということも書いてある。

はじめはお互いに姓を呼び合うでしょう。映画をみてコーヒーを飲んで、お話ししているときに、すつかりさつきの映画の感想のことで共鳴します。そして、ふと「安夫さん」「玲子さん」と名前を呼び合つたとき、急に親密度が高まつた興奮をおぼえます。

読んでいるこちらが赤面してしまう。池田は、西洋的な習慣の定着を願っていたのだろうが、それから四十年近くたって、男女交際も格段にリベラルになった現在でも、初めてのデートで名前を呼び合うなどということは、多数派にはなっていないように思う。岡野玲子のマンガ『ファンシイダンス』では、主人公は、後に恋人になる明石真朱《まそほ》と知り合って二年たっても、まだ「明石さん」と呼んでいた。そこがこのマンガのリアリズムの優れていたゆえんであった。

なぜ日本ではそうなのか、というと、やはり「家制度」があるからだ、と言う人が多いだろうが、たぶんそうではない。そもそも西洋でも、二十世紀中頃まで、中流階級の大人になった女性

『ファンシイダンス』
Ⓒ岡野玲子／小学館

を他人がファーストネームで呼ぶなどということはなかった。そういう風習は、米国で始まったものである。もっとも日本でも、徳川時代の農民や下層町人は、建前としては苗字がないのだから、ファーストネームで呼び合ってはいた。しかし、明治期になって、中学校とか女学校へ進学するような階層では、姓を呼ぶ風習ができていったのは間違いない。

米国の風習は漸次、英国や他のヨーロッパにも広まったが、日本でいま一つ広まらないとすれば、そもそもファーストネームというものの数が、西洋では日本に比べると格段に少ないからではないだろうか。だから「ぼくはジョン」と言う時、ジョンは「出身は熊本」という程度の、カテゴリーとして捉えられるし、英米やロシアでは、「エリザベスよ。リズって呼んで」とか、ミハイルはミーシャとか、愛称が決まっている（フランスやドイツのことは知らない）。これに対して日本では「マサヒロ」とか「レイコ」とか名乗られても、「どういう字?」と訊かなければならず、だいぶ勝手が違うし、「玲子さん」と呼ぶのと「玲子」と呼ぶのとでは違い、だいたいファーストネームにつける「さん」に当たるものが西洋語にはない。

『デート・ブック』にはこの後、「デートとセックス」という章があるのだが、こちらはいよいよ言葉の問題から離れるので、割愛したい。池田の本は理想を語っているものとしても、この当時、映画を観るようなデート、という観念が定着しつつあったことがわかる。とはいえ、その主体は、当時で女なら高卒、男なら大卒の、中産階級のお坊ちゃんお嬢ちゃんたちだったことが、『デート・ブック』からは窺える。

ところで、一九六三―六六年ころといえば、テレビの普及によって映画産業が決定的に斜陽を迎えた時代である。となると、それ以後、デートといえばまず映画が定番になったのは、映画業界のイメージ操作があったのではないかと想像される。こういう「プラトニック」なデートのイメージが崩れるのは、一九八〇年に入ってからのことだ。

†「恋愛／性欲」の二項対立――「ラブホテル」と「モーテル」

となると、セックスを必ずしも伴わないデートというものが概念として成立したとき、初めて「この人はセックスしたいだけなんじゃないかしら」という女の疑念が成立し、「恋愛／性欲」の二項対立が、男女交際の場において出来上がったことになる。

ところで男女が二人で会ってセックスをする場所の名称の問題だが、三島由紀夫の『美徳のよろめき』（昭和三二年＝一九五七）に、「だってあれはアベック・ホテルでしょう」というせりふが出てくる。**「ラブホテル」**という言葉が『現代用語の基礎知識』に登場するのは、一九七九年版からである。「ラブプレー」の下に、「連れ込み宿。さかさくらげ。ラブテルまたはエルホテルなどともいう」なる語義とともに示されている。十年ほどたつと、もはや説明を要する言葉ではなくなったと見なされたらしく、この語は消えている。例によって言葉自体が猥褻な響きを持ち始めたため、言い換え語として、「ファッションホテル」「ブティックホテル」などというほとんど意味不明な語さえ現れているのだが、定着するに至っていない。

だが、一九七〇年以前に生まれた人ならば、それ以前に、これに相当する外来語があったことを覚えているだろう。「モーテル」である。そもそも車で米国大陸を長距離旅行する人のためにつくられた「モーター・ホテル」の略としてのモーテルは、国土も狭く、移動手段はもっぱら列車に頼っていた日本ではまさに近代的な「連れ込み旅館」として利用されたのである。

むろん米国でも、その種の用途に用いられることはあったが、当時の日本人が「モーテル」を連れ込み旅館のことだと思っていたことを如実に示す文章が、群《むれ》ようこの『アメリカ居すわり一人旅』（角川文庫）の中にある。まさに一九七九年ころ、二十歳の大学生だった群は、米国留学に何らかの希望を託し、かなり無謀に母の知り合いを頼って旅立つ。ところがケネディ空港で群を待っていたのは、来られなくなった母の知り合いの代わりのサムという男で、ひとまずモーテルへ車で連れていく、と言う。警戒心を抱いていた娘は、「ほらごらん、やっぱしモーテルにつれこもうとしている」と思い、抵抗するのだが、連れていかれてしまう。

道路ぞいの住宅街がとぎれた所にそのモーテルはあった。しかしそれがどうも日本のモーテルとは違うのである。お城のような形もしていないし、マリリン・モンローが空飛んでるような不気味な噴水もない。どうやらこのモーテルはモーテルと違うらしいと気づいたのは、そこに出入りしている外人のビジネスマンが皆ひどくかっこいいからであった。

みごとに当時の日本人の「モーテル」観が描きだされている。

†「連れ込み」の意味

「ラブホテル」という言葉自体は、井上章一『愛の空間』によると一九七三年に雑誌に登場しているが、一般化したのは七九年ころだったと言えるだろう。それ以前なら「連れ込み旅館」だが、これは決してそんな派手派手しい外観をしてはいなかった。遠藤周作の小説『わたしが・棄てた・女』(昭和三八年=一九六三)に、男が素人女をその種の旅館に連れ込む場面があるのだが、これを最近熊井啓が再映画化した『愛する』の中では、時代は現代に設定されているのに、まことに古風な和風和室の宿だったのが奇妙だった（それ以外にもこの映画は、ヒロインの酒井美紀が工場で働いていたり、もう少し現代風に脚色できなかったのか、と思うところが多い）。

ニッコクには「連込宿」が立項されていて、「私娼が客を連れてはいり込む宿。また男女が同伴ではいりこむ宿」とある。別に「連込」の項もあり、その①は、「愛人を連れて待合や宿屋へはいること。男女が同伴してはいり込むこと。また、私娼が客を同伴して宿にはいること」とある。「連れ込む」主体は私娼、あるいは売春でなければ男ということになる。連れ込み宿へ客を連れ込む「私娼」は今だっているだろう。

井上によれば、戦後しばらく、恋人たちは公園等で交歓をもったようだが、今でも夏の夜の賀茂川べりとか不忍池《しのばずのいけ》の畔とかにはあるようだ。いちど夏の夕暮れ時に不忍池を通ったときには、まるで虫がたかっているように恋人たちが鈴なりになっているので驚いたものである。大阪の梅田の近くにある空中庭園の屋上へ行ったときもそうで、同行した女性編集者に、なんでこんなところでいちゃついてるんでしょう、と訊いたら、彼らはカネがないからホテルに入れないんですよ、と言われて納得した。

今でも野外で交歓しているのは、カネのない若者同士で、かつちゃんとカネのある大人の恋人同士なら、ラブホテルではなくてシティホテルへ行くのが正しい、などと八〇年代にはよく言われたものだ。もっとも、部屋中鏡張りとかベッドが回るとかいった、内装の派手なラブホテルの類も、今ではあまりないらしい。いずれにせよ、二十歳にもなれば一人暮らしをするのが一般的な西洋では、いちゃつきたいなら部屋へ連れていけばいいのだから、ラブホテルというのは日本特有の施設である。

†「ツーショット」と「アベック」

ところで最近の言葉として、**「ツーショット」**というのがある。これはとても便利で、新語嫌いの私も、気に入っている。これは英語にはない表現で、もともと「ショット」という映画用の言葉を、テレビの世界で、二人の人物をフレームに収める場合を意味させて作った和製英語らしい。それが、一九八八年に始まった人気番組『ねるとん紅鯨《べにくじら》団』で、お見合いパーティの際に一組の男女が排他的に話し込んでいるのを指してとんねるずが「ツーショット」と呼んだあたりから、一般にも広まったのだと思われる。

何が便利かと言って、ことさらお見合いパーティでなくても、男女混じってのパーティの席で、一組の男女があまり長い時間にわたって二人だけ話し込んでいたりすると、やはり周囲としては気になる。その、気になる感じを「××さんと○○さんがずーっとツーショットで」と言うと、すぐわかるのである。もっとも逆に言うと、パーティの席でこういうことをするのは、西洋人から見れば、本来、礼儀に外れるから、日本人特有の行動、ということにもなろうか。

さて、「**アベック**」という言葉も、和製英語ならぬ和製仏語である。元は「一緒に」という意味の前置詞であって、日本で使われているような意味では、フランス語でも英語でも使われていない。ニッコク初版では、昭和一六年（一九四一）の徳田秋声『縮図』から、「隅っこのボックスに納まって、ストロオを口にしている、乳くさい学生のアベック」というのが用例としてあがっているが、第二版ではさらに遡って、昭和五年（一九三〇）の『モダン用語辞典』から、そういう意味の語義説明があげられている。つまり昭和初期のモボ、モガ風俗の中でできた言葉なのだろう。それが後に転用されて、「アベック飛行」「アベック闘争」のような派生語を生む。

ランデヴーもそうだが、このころは恋愛用語といえばフランス語だったらしい。この言葉が、英語やフランス語の couple と決定的に違うのは、夫婦の場合はまず「アベック」とは言わないという点だろう。だからニッコクの語義では「一対の男女がいっしょに組んで行動すること」とあり、その他の辞書も概ねこんなふうに書いてあるが、実は「ただし、夫婦は除く」と書かなければいけないのだ。もちろん、兄妹、姉弟も。ここには、夫婦でもない男女が公然と「逢って」いることをふしだらあるいは特異なことと見る古風な感覚が残っているとも言えるし、男女の仲の発展の度合いに日本人が敏感なのだとも言えるだろう。

たとえば、評判の映画を一人で、あるいは男二人で観に行って、「回りはアベックばっかりでね」と後で人にこぼす、そのときは「妬ましい」「うまくやりやがって」といった感情が籠もっている。『縮図』の例にも、その気配はすでにある。西洋人は、むしろ、男二人で出掛けること、ないし一人で出掛けることのほうが変だと感じるだろう。その辺が違うのだが、これはどちらがいい悪いという問題ではない。漱石の『行人』(大正二年＝一九一三)にも、紅が谷の海岸へ出掛けると、男女二人連ればかりだった、という場面がある。

もっとも、この当時それほどアベックでの行楽が盛んだったたか、疑問ではあるが、藝者と客、ということなら考えられる。八代目桂文楽が得意とした落語「つるつる」の中に、そういう「アベック」を目撃したことを幇間が口にしてからかおうとする場面がある。「隣に乙な丹次郎なる者が」と言うのだ。もう、明治中期まで、色男といえば丹次郎である。

日本語で「アベック」に当たりそうな言葉はないか、と考えたのだが、「ご両人」くらいしか思いつかない。しかしこれは歌舞伎の掛け声で、二人が雛壇にでもいないと使えない。冷やかし言葉としては「ヒヤヒヤ」というのはアベックに限らないし、第一これは人が演説などをしているときに、「聞け聞け」という意味で言っているのだから、アベックに言うのは転用である。「ごゆっくり」というのも、今ではあまり使われまい。アベックを冷やかす文化というのも廃れつつあるのかもしれない。

第三節　「セックス」という言葉の運命

†「セックス＝性交」ではなかった

今の若い人は、「エッチ」という。あるいは「SEX」とわざわざ英語表記したりする。いずれも、あまり私としては使いたくない言葉だが、「恋人」の場合と同じように、こういう言葉は次々と言い換えられる運命にあるようだ。ま、若い人が「エッチ」などと言うぶんにはともかく、いい年をしたオトナまで真似をしたりしているのを見ると、おいおい、と思ってしまう。だいたい「エッチ」というのは「変態」のローマ字表記の頭文字を取った言葉である。お前ら変態行為をしているのか、と言いたくならないでもない。最近では使われなくなったが、「イカす」というのだって、もとはずいぶん卑猥な言葉だが、語源が忘れられて使われていた。

とはいえ、「セックス」という言葉が、「性交」を指すものとして、それほど安定した使われ方をしてきたわけではない。だいたい、英語のｓｅｘというのは、第一には「性別」を意味する言葉であって、だから英語でＩＤカードなど書くと、性別を書き込む「ｓｅｘ」という欄がある。さる日本の既婚女性がこれを書き込む際、恥ずかしそうに「twice a week」(週二回) と書き込んだという有名な笑い話がある。もっとも「twice a week」などというちょっと高度な英語の書ける人がこんなことをするはずはないから、明らかに作り話だと思うけれど。

さらに言えば、英語には日本語やイタリア語のように、撥ねる音、というのはないから、より原音に忠実に書くなら、「セクス」とするべきである。ただしそれをやると、「キャット」や「ドッグ」もおかしいことになり、原音に近い表記をしようとすれば、劇団四季の人気ミュージカルを『ケツ』と書かなければならないという穏やかならぬ事態に発展するので、やめておく。

性交のことは、英語では、正確に言おうとすればセクシャル・インターコース、さらに簡単にはインターコースという。インターコースには「交際」という意味もあることはあるが、現代ではもっぱら性交の意味なので、前者の意味で使わないように (同じように、「ゲイ」を「明るい」という意味で使ったり、「クイア」を「奇妙な」という意味で使ったりするのも今では不適当だ。前者は「同性愛者」、後者は「おかま」という意味の差別語だ)。とはいえ、別に英語で、「ねえ、インターコースしましょう」と言うわけではない。

そもそも日本で「セックス」が「性交」の意味で使われるようになったのも、一九六〇年代半ばからではないかというのが私の今のところの感触である。たとえば柴田翔の『ノンちゃんの冒険』（新潮文庫）の冒頭近くには、こういう一節がある。

> 実を言えば、ノンちゃんは、自分がセックス、というのは、女性週刊誌流の意味でのセックス、つまり男と女の寝ることなのだけれども、（後略）

この作品が単行本として筑摩書房から刊行されたのは昭和五〇年（一九七五）だが、この部分が雑誌に出たのは四七年（一九七二）のこと（『人間として』創刊号、筑摩書房）なので、その当時はまさにこういう状態だったのだろう、ということがわかる。

†「セックス」はただの「性」

ではそれ以前は「セックス」はどういう意味だったかといえば、〈セックスの力〉のように、性衝動一般の意味で使われていたのだ。ニッコクにはその意味での用例として、『当世書生気質《とうせいしよせいかたぎ》』から、「人間のたのしみは、セックス〔情欲〕ばかりじゃ、ないじゃあないか」と、漱石の『明暗』から、「晩飯を食ひながら性《セックス》と愛《ラブ》といふ問題に就いて六づかしい議論をした」というのがあがっている。

性交の意味での用例は野間宏の大長編『青年の環』の第二部第一章「投網」(昭和二五年＝一九五〇)から、「彼はむしろ彼女によってセックスの満足感をもつということはかつてなかった」があがっているのだが、これは主人公の正行が、かつて性関係のあった大道陽子という女を蔑みながらも、長らくその女の肉体の魅力、あるいは彼女との性的な関係に執着してきたことを、芙美子という精神的に美しい女との対比で述懐し、恥じる長い部分の一部なのだが、前後をみると、

しかし、それを単に彼の性欲の仕業だなどと言いきってしまうこともまたできないのだ。このような方法によっては彼のセックスの内容を明らかにすることはできはしない。……(原文通り)彼はむしろ彼女によってセックスの満足感をもつということはかつてなかった。……いや、それはむしろ、はるかに娼婦によってもたらされたのではないであろうか。

であり、最初の「セックス」は明らかに性交のことではなくて「性」のことだから、後のほうもそうだとみるべきである。ニッコクの編者としては、性交の意味でのセックスの初出とみたのだろうが、だとすれば間違っている。昭和二四年(一九四九)の吉屋信子『童貞』に「ダンスもセックスの昇華作用に必要なんだらう」とあるのも、この意味のセックスである。

石坂洋次郎『陽のあたる坂道』(昭和三一―三二＝一九五六―五七)には「たか子に感じられて

くるものは、少年・少女の幼いセックスの躍動である」とか「男のセックスにはそういう盲目的なものが潜在しているのであろうか」とかあるが、いずれも「性衝動」のような意味である。これは『読売新聞』に連載されて人気を博したものだから、当時の一般読者は「セックス」と聞いても「性交」だとは思わなかったということである。あるいは昭和三一年（一九五六）に『婦人倶楽部』に連載された三島由紀夫の『永すぎた春』にも、「いつ殺されるかわからないっていうスリルと、セックスとが一緒になったものって」という台詞があるが（「Septembe」）、これも「性的なもの」の意味だろう。

†「性差」は「セックス」？「ジェンダー」？

大江健三郎の初期作品では（一九五〇年代末、『芽むしり仔撃ち』など）「セクス」という表現を、性器の意味で使っているが、これはたぶんフランス語だろう。英語のセックスは、第一に「性差」の意味であり、動詞では「性別を見分ける」という意味しかない。だから、昭和四六年（一九七一）に刊行されてベストセラーになった奈良林祥《やすし》の『HOW TO SEX——性についての方法』（ベストセラーズ）は、「科学する」のような日本語特有の用法で、これではヒヨコか何かの性別の見分け方、という意味になってしまう。むろん奈良林はそんなことは承知の上で、この題名を付けたのだろうが、この本ではもはやセックスは性交の意味に特化されている。

日本では、「セックス」の性差という意味が定着しなかったため、文化的性差を意味する「**ジェンダー**」が輸入されると、あっさり、単なる「性差」の意味で定着してしまったようで、「ジェンダー」の説明に、「性差のこと」などと書いてあったりする。

実はそれ以前、日本語の性交、交合などを別にすると、性交を表す外来語として「**コイトス**（**コイッス**）」というラテン語が使われていたことは、今では忘れられている。昭和二七年（一九五二）に生島遼一訳で刊行が始まったボーヴォワールの『第二の性』もコイトスを使っていて、現代の読者には意味がわからないのではあるまいか（実は私も最初読んだ時、わからなくて辞書を引いた）。

昭和三〇年（一九五五）にあまとりあ社から高橋鉄らの共同執筆で刊行された『こいとろじあ』という本があり、まさに性交技術の本なのだが、中はすべて「性交」で、「セックス」は出てこない。昭和三五年（一九六〇）刊行のベストセラー『性生活の知恵』も、この時期の猥本を含む雑書類を調べても同じであり、「セックス」が性交の意味になるのは、やはり一九六〇年代後半からなのである。舟橋聖一の『好きな女の胸飾り』（昭和四二年＝一九六七）には「僕にだってセックスの相手ぐらいあったっていいんじゃないでしょうか」というせりふがある。

しかしおそらく、「セックス」という言葉が性交の意味で一般人の間に定着するのは、一九七〇年代後半のことだと思う。それでも、仮に国語辞典を作るために用例を見つけようとしても、何しろこの種の言葉は避けられるのが普通だから、普通の小説やテレビドラマや歌謡曲の歌詞にも、まず出てこない。もちろん、明治四二年（一九〇九）に森鷗外が『ヰタ・セクスアリス』を『昴《すばる》』に発表して発禁処分になっているが、これはラテン語で、そもそも西洋では、淫らな部分はラテン語で書くという風習があった。

十七世紀末英国の「王政復古期」と呼ばれる、性に厳格なピューリタンの支配が終わったあとでやや風紀の乱れた時代にサミュエル・ピープスという人物が書いた日記は、自分の性生活について赤裸々に語ったものとして有名だが（臼田昭『ピープス氏の秘められた日記』岩波新書、に詳しい）、猥褻な箇所はラテン語で書かれている。また、『日本書紀』には武烈天皇の悪行の数々が書かれており、それが野へ出て農民の女を見つけると、そこにいた馬とむりやり交接させるとかいった淫らなものなので、『日本書紀』を英訳したアストンは、この辺をラテン語に訳している。

†「セックスしよう！」の衝撃

話を戻すと、「セックス」などという生々しい言葉は、だから、七〇年代には、青年マンガや若者向けの雑誌類で見つかるだけだろう。それが堂々と出てきたのは、一九八九年の、柴門ふみのマンガ『東京ラブストーリー』の中で、赤名リカが言うせりふ「ねえ、セックスしよ！」だろう。何しろそれまで性関係のなかった、明白な恋人ですらなかった相手に夜中とはいえ路上で突然言うせりふである。これはドラマ化された際（一九九一）は「ねえ」がなくなり、鈴木保奈美が夜の路上で突然「セックスしよう！」と言った（というより、ほとんど「叫んだ」）ため、いよいよ有名になり、これをパロディーにしたCMも作られた（「ねえ」が消えた件に関しては、信州大学の赤川学氏に教えてもらった）。

これより先、筒井康隆の『大いなる助走』を映画化した『文学賞殺人事件』（一九八九）では、石橋蓮司扮する中年男が、女子高生に突然、「性交しよう」と言う場面がある。これもなかなか唐突だったが、「性交」という言葉は、だいたい使いづらいのである。「成功」や「精巧」と発音もアクセントも同じだから。もっとも、どの国であろうと、この種の言葉が堂々と使われるということはないのであって、だから次々と言い換えが行われたりする。

一九七〇年代初めには、「はめっこ」などという言い方も一部で流通していたし、女性器名をこの行為の名称として使うのも、かなり一般的らしい（村上龍『愛と幻想のファシズム』に用例がある）。

『東京ラブストーリー』
Ⓒ柴門ふみ／小学館

地方によってもいろいろ呼び方はあるだろうし、山本周五郎賞を受賞した岩井志麻子の傑作『ぼっけえ、きょうてえ』(一九九九)では、岡山の田舎のこととして、「オカイチョウ」という言葉が使われている。「まぐわい」などというのもあって、『古事記』『日本書紀』に出てくる由緒ある語ではあるが、これとて日常会話で「今晩、まぐわわない?」などとは言わない。

ただし、英語には、動詞として「fuck」というのがある。これは紛れもなく性交をする、の意味なのだが、もちろん「卑語」であり、かつ、米国人の男は、インテリでもない限り、「畜生!」の意味で「ファック!」などと叫ぶ。私はカナダにいたころ、部屋から外を眺めていたら、ランドリーから洗濯物を持ち帰ってきた男が、洗濯物を落としてしまって、「ファック!」と叫んだのを聞いてだいぶ驚いた。兵隊などが、名詞の前にやたら「fucking」をくっつけるのもご承知のとおり。米原万里のエッセイなど読むと、ロシアでも兵隊の会話はこの類であるらしい(『不実な美女か貞淑な醜女か』新潮文庫)。

日本では卑語といっても、この種の性的な表現を用いることは、あまりない。「son of a bitch」とか「mother fucker」に当たる罵倒語というのはないのだ。せいぜい「糞ったれ」である。

†「寝る」は日本も西洋も共通

しかし不思議と、ある表現だけは日本でも西洋でも共通で、それは先ほどの柴田翔の引用にも出てきた、「**寝る**」で、これは日本西洋共通に「セックスをする」の意味で使われる。英語なら「sleep with」だし、フランス語なら「dormir avec」だ。徳川時代の日本でも、「寝る」というのは、そういう意味があった。ドイツ語でもそうだ。もっとも、「眠る」と「寝る」は微妙に違うけれど、英語でsleepが性行為の意味で使われたのはいつごろか、オックスフォード英語辞典で調べてみたら、九世紀のアルフレッド大王だから、古英語のころからあったようで、要するに起源を問う意味がないほど昔から、西洋でも東洋でも使われていたということだ。

平安初期に成立した景戒《きょうかい》著とされる日本最古の説話集『日本霊異記《りょういき》』には、狐を女房にした話が出てくるが、正体がばれて狐が帰っていく時、「また来て寝てくれ」という意味で「来つ寝」といったのでキツネになったという通俗語源説が載っている。日本語の「寝る」は「寝取る」「独り寝」のようなその意味での合成語を豊富に持っている。「衣片敷《ころもかたし》き一人かも寝む」というふうに、セックスの相手が来てくれない、という意味の歌語さえある。漢語でも「睡覚」と言えばそういう意味らしい（明治大学の張競氏に教えてもらった）。

なお古典漢文ではセックスのことを「雲雨」という。『金瓶梅』のような白話小説には、セックス・シーンが多く出てくるが、そこでは「その雲雨のありさまは……」などと書かれている。概してこういう対象を示す言葉は言い換え語を多く生むもので、近世日本では「床」「枕を交わす」、英語では卑語の fuck と、口語的な love と、やや学問的な intercourse とがある。

英語で「セックスする」を意味するもっとも一般的な言葉は「**メイク・ラヴ**」だろう。日本で「フリーセックス」などと言っているのも和製英語で、英語では「free love」という。ドイツの古典ポルノで、第一次大戦のあと、『バンビ』の作者フェリクス・ザルテンが書いたのではないかとされている『ヨゼフィーネ・ムッツェンバッヒェル』(邦訳『ペピの体験』富士見ロマン文庫、絶版)には、この意味の語として「フェーゲルン」が盛んに出てくるのだが、これは vögeln であり、鳥を意味する Vogel から派生した「鳥刺しをする」からさらに派生したものらしい。

気になるのは、日本語の「**犯す**」とか「**抱く**」とかいう言葉だ。前者は、あまり合意の上でのそれには使われない。後者の表現は、「抱かれたい男」などという形で盛んに使われているが、どうもそんなに古くからあるものではないと思う。

逆に、「**する**」という、まことに曖昧な、シチュエーションによって意味を判断するしかない表現は、古くからある。徳川期、安永年間の小咄集『今歳花時《ことしはなし》』には、遊廓へ行った男が疝気持ちで、火鉢で金玉を炙っていると、女郎が見て、「せん気でありんすの」と言うと男が、「インニャ、する気サ」というのがあるのでもわかる(興津要《おきつかなめ》編『江戸小咄』講談社文庫より)。

「**やる**」のほうはいま用例が見つからないのだが、どうも「する」は前用の語、「やる」は後用の語、という気がする。といっても何のことだかわからないかもしれないが、つまり一室に男女がいて、「しよう」「しようか」と言うことはあっても、「やろう」とはあまり言わないだろう、また、事があった後で、別の人との会話の中で「やったのか」「やった」と言うことはあっても、「したのか」「した」とはあまり言わないのではないか、ということだ。あくまで頻度の問題だけれど。さらに言えば、「する」は女性用、「やる」は男性用、という感じだ。

実は私は、「抱く」という、先ほどあげた表現が嫌いである。別に私は「フェミニスト」ではないのだが、男が「抱いて」女が「抱かれる」という、非対称な言い方がどうも気に入らない。かといって、「抱き合う」といったら、単に抱擁するだけの意味になってしまう。それに比べると、セックスを意味する「**愛しあう**」という表現は実にいい。まあ、この辺の好みはやはり「愛のないセックスはいけない」と思っているからかもしれないが……。もちろん「愛しあう」な

Josefine Mutzenbacher（Tosa Verlag, 1999）（作者不詳『ペピの体験』）

どという言葉は、前近代日本にはない。

†口でする前戯――「フェラチオ」と「クンニリングス」

ところでセックスには、いろいろ前戯の類がある。中でも「オーラル・セックス」などと言われる、口でする技巧があって、一般には、女が男にするのを**フェラチオ**、男が女にするのを**クンニリングス**という（英語読みではない。英語ではフェレイショ、カナリングスである）。最近、フェラチオに関する一冊の本として、フランスのティエリー・ルゲーの『fの性愛学』という楽しい本が翻訳された（吉田春美訳、原書房、原書は一九九九年）が、当然ながら日本のことは書いてない。ではこれらを日本では何と呼んでいたのか。

フェラチオは「尺八」では、と思う人がいるだろう。小松奎文《けいぶん》編著『いろの辞典【改訂版】』（文芸社）の「尺八」の項目には、「縦笛と言わずに尺八としたのは、尺八は縦笛と異なり、その形が反り返っていて勃起した陰茎により良く似ているからである」とあるが、残念なことにこの本には典拠が書いてない。そしてどうも近世文献でこの「尺八」にはあまりお目にかからないのである。雑俳《ざっぱい》の「雑書にもない尺八で嗅《かか》」をあげる人もいるが（享保期『奉納五千句集』）、フェラチオの意ではないようである。たぶん近代になって定着した語と思われる。『いろの辞典』の「フェラチオ」の項目には、こうある。

日本では「口淫」「尺八」「吸茎」「千鳥の曲」など、フェラチオと同じ意味の古い言葉が昔から存在していることからもわかるように、行為そのものは昔から存在していた。ただしこれは、主として妊娠中や月経の時、つまり女性が性器を使いたくない時に男性の欲望を満たすために、性交の代替行為として、すなわち偽交の一つとして行われたものである。したがって、フェラチオを前戯として考えることが多い最近の考え方からすれば、古来の日本にはフェラチオは無かったということもできる。もし古い時代の平常の時にこの行為をすると、それは性技の一つとしては受け取られず、変態者として扱われたようである。

「千鳥の曲」は項目はあるが典拠はないし、右の記述も根拠がわからない。だが中野栄三『江戸秘語事典』（慶友社）で「舐淫《ていいん》」つまりオーラル・セックスの項目を見ると、近世語と近代語がまぜこぜに書いてあるが、近世語に限って言うと、「このことは艶本《えほん》中にも屢々出てくるが『文《ふみ》指南《しなん》』書風の一書中には「裏饅頭の食いよう」とて、寝屋に忍んで行った折の舐淫のことが記されているし、『春情花朧夜《しゅんじょうはなのおぼろよ》』には座位にて前方からの方法描写が見られる」とある。この「裏饅頭」というのも典拠不明だ。いずれにせよ、あまり多用される語ではない。なお『春情花朧夜』は、私の持っている刊本ではその場面は見当たらない。

†インドでは去勢者や遊女がするもの

だが、この傾向は日本だけのことではないようで、先のルゲーも、「そもそもフェラチオの語彙はかなり貧弱である」と述べ、二十世紀に至るまで、著作家たちはこの行為に対して極めて寡黙だったとしている。ただしフェラチオという言葉自体がラテン語であるから、オウィディウスの『アルス・アマトリア』その他諸文献から窺える、古代ローマ人の、まだキリスト教の教化を受けない時代の、ほとんど乱脈と言ってさしつかえない性愛の世界では、ずいぶんと行われたことだろう（グリマル『ローマの愛』沓掛良彦・土屋良二訳、白水社参照）。

もう一つ、紀元三〇〇年前後にヴァーツヤーヤナなる人物によって書かれたとされるインドの性典『カーマ・スートラ』では口唇性愛《アウパリシュタカ》について一節を割いて説かれているが、それは去勢者によって行われるべきものとされている上、一通りの説明のあと、「好色な女、淫蕩な女、按摩をする侍女たちもこれを行う」とされ、諸学匠は「法典において禁止されており、また卑しいことであるから行うべきではない」と言っており、ヴァーツヤーヤナは「遊女を相手とする者には、これは罪悪ではない。併し、その他の場合には斥くべきことである」と述べている（『完訳カーマ・スートラ』岩本裕《ゆたか》訳著、平凡社東洋文庫）。

もっともこの言い方はいくぶん変で、フェラチオというのは男がしてもらいたがるもので、女は嫌がる場合が多く、それは古代の異国でも変わらなかったろうし、いわんやシャワーや石鹸のあるわけでない世界においてをや、であるから、金銭と引き換えにサーヴィスする娼婦でなければしたがらなかったろうと思われる。もっとも、人類学者・金関丈夫《かなせきたけお》の論文「Vagina Dentata」（一九四〇）では、当時の台湾の未開民族の間に見られる「ヴァギナ・デンタタ」つまり歯のある女陰に関する説話を調べ、これは結婚適齢期に前歯を抜く風習に関連しており、それはOral coitus、つまり口唇性交のためではないかとし、それ専門の前歯を抜いた娼婦がいたことにも触れている（大林太良編『新編　木馬と石牛』岩波文庫）。

仏教教典に関しては、インドからシナ、シナから日本へと相当量が運ばれ、膨大な労力を払って訳されてきたのに、『カーマ・スートラ』は渡来していない。ただしシナの『金瓶梅』にはさかんにフェラチオの場面が出てくるとルゲーは言う。もちろんこの小説の日本語訳はあるのだが、全訳は小野忍・千田九一のもの（岩波文庫版は平凡社版を改訳したもの）しかないようで（「完訳」とか「全訳」とか銘打ったものはあるのだが、村上知行のそれを含めて、不思議なことに抄訳である）、かつそれも、中野美代子『肉麻図譜《ろうまあずふ》』（作品社）によれば、そういう場面は適宜削除されているらしい。

ただし「西門慶はそこで、その気になり、仰向けになって、笛吹きを命じます。女はうなじを垂れて吹き鳴らしはじめる」（第六十七回、岩波文庫版）というのはその場面だろう。しかしまあたしかに、一九八〇年代以前、その種の場面を全訳したら猥褻文書頒布で起訴される恐れがあったからやむをえないのだが、中野が補訳してくれないだろうか。

†素人女がするようになったのはいつから？

それを思えば、翻刻されていない近世春本の類にはフェラチオ場面も出てくるのかもしれない。少なくとも春画にはその場面がよく出てくる。

しかしいずれにせよ、前述の理由から、素人女が普通にこの行為をしたとは思えないから、やはり女郎のすることだったのだろう。とはいえ、娼婦もそうやすやすとこの行為をしたわけではなさそうで、永井荷風の『腕くらべ』の、特に淫乱とみられている藝者菊千代がこれをした時の述懐を引用したい。箱根の宿で「知らない余所のお客さまと大変なことしちまった事があるのよ」と言うのだが、呑み過ぎて酔い醒ましに湯舟に入っていると（危ない話である）、眠いので眼をつぶっているとふと毛むくじゃらな男の肌にさわり、てっきり自分の客だと思って、というのだ。

……少しお小遣ねだりたい矢先とて日頃にまさった実意と極意を見せるには丁度幸いどこも綺麗に洗われているはずの湯の中と思えばふといつぞや洋行帰りの人から教《おそわ》った事そのまま

にためす情《なさけ》は人のためならじ。下さるお小遣もまた一倍かと慾も手つだって、まアあなたお聞きなさいよ。わたしも随分馬鹿だわねえ、普段は何ぼ何でも出来ない事だと思うからに自分から先ず物珍しい心持してつい調子に乗れば、どうでしょう向の人もあんまりだわ、お角《かど》がちがうとも何ともいわず、藝者も女郎も並大抵ではしもされぬ事そのままだまって好加減《いいかげん》させ抜いた揚句は合図さえしてくれず、いきなり、いやな鼻声身をふるわすかと思えば忽《たちま》ちしたたか私が口の中うろたえて後の仕末どうしようと目を明く途端に耳元近くおそろしい女の声。

（「菊尾花」引用は岩波文庫版から）

実は誰とも知らぬ新婚の男で、その時入ってきたのはその夫人、ほどなく彼らは離婚になったというのだが、むしろ岩波文庫にこんな場面が出てくることに驚かされる。もっとも、その際は二人とも湯に浸かっているはずだから、どうやってやったのかよくわからないのではあるが、菊千代の言うとおり、女郎でもめったにしないことらしい。現代においてフェラチオが素人女によっても行われるようになったとすれば、それは性が解放されたからというより、シャワーと石鹸の普及によるものではあるまいか。

†「クンニ」と日本人

その逆のクンニリングスだが、これもラテン語系の語である(「クンヌス」が女性器、「リンゲレ」が舐める)。「クンニ」などと略されるので、まるごとだと長いので、以下この略称を用いる。『いろの辞典』では「片男波」という日本語が紹介されているが、やはり典拠が不明。代わりに雑俳、川柳が紹介されている。「ばかな婿いい塩梅《あんばい》と舐めている」「海女の開《ぼぼ》水貝の気で亭主舐め」「股ぐらでべろべろをするぼぼんのう」などだ。

山本成之助『川柳性風俗事典』(牧野出版)には、これに相当するものとして「舌人形」の項目があり、「又舐めなさるかと女房いやな顔」(『柳の葉末』二)「極ずいの浅黄舌人形が好き」(同、一)の「極ずい」は至極粋、「浅黄」は浅黄裏の田舎侍だから、これは遊里での情景だろう。「毛が鼻へはいってどふも舐めにくし」(『柳多留』五五)はわかりやすい。「心中にしゃぶりつこだと相模下女」(同、六八)の「しゃぶりっこ」は「相舐め」つまりシクスティー・ナインのことで、相模女は淫乱だと言われていた。「相模下女しやぶれといへばしやぶるなり」(『萬句合』安永二年、宮3)というのもあるが、これはフェラチオのほうだろう。こう見ると、やはり痴戯と見られていたのは間違いない。

クンニについて印象深いのは、民俗学者・宮本常一《つねいち》の有名な「土佐源氏」である。これは『忘れられた日本人』（岩波文庫）に収められた、高知のほうの乞食の色懺悔ばなしだが、この中で主人公が馬喰《ばくろう》をしていた時、庄屋の夫人「おかたさま」と出来てしまうきっかけが、交尾のあとで牡牛が牝牛の尻を舐めているのを二人が見たことなのである。その前に主人公が、「すきな女のお尻ならわたしでもなめますで」と言うのだが、実際それを見たあと、

「それ見なされ……」というと「牛のほうが愛情が深いのか知ら」といいなさった。わしはなァその時はっと気がついた。「この方はあんまりしあわせではないのだなァ」とのう。「おかたさま、おかたさま、人間もかわりありませんで。わしなら、いくらでもおかたさまの……」。おかたさまは何もいわだった。わしの手をしっかりにぎりなさって、目へいっぱい涙をためてのう。

わしは牛の駄屋の隣の納屋の藁の中でおかたさまと寝た。

ところでこの「土佐源氏」は、別ヴァージョンが、宮本その他による『日本残酷物語』にも収められているのだが（平凡社ライブラリー版第一巻）、近年、これの原型と見られる、宮本が書いたのであろうポルノ『土佐乞食の色ざんげ』が発見され、そもそもこれは民俗学の資料というより創作ではないかとされている。

そのことを述べた井出幸男の論文「『土佐源氏』の成立」が、『柳田国男研究年報3　柳田国男・民俗の記述』（岩田書院、二〇〇〇年）に収められており、その原型も付載されている。そこでは今の「いくらでもおかたさまの」の箇所が「いくらでもおかたさまをかもうて、おかたさまのお尻でも、サネでもなめて、ほんまの情をうつすのじゃが……」となっている。そして一行で片づけられている「……寝た」の部分が長々と描写されている。そこでは「サネ」の詳しい描写があり、男が「ほんざねを、わしが舌でなめあげ、なめさげ」云々と書いてある。興味のある向きは図書館で見ていただきたい。サネはもちろん、クリトリスのことで、こちらはいくらでも用例がある。

†女は「クンニ」を歓ぶか？

最近、『サティスファクション』（清水由貴子訳、角川書店）という性愛技術の本が売れているが、これがもっぱら、クンニのやり方を中心に書かれている。そして、これが女としてもっとも感じる、と言い、実際そうなのだろうが、むしろ男の側がこれをやりたがる、ということもある。明治から昭和前期までなら「変態性欲」と見なされただろうが、フェラチオとは違って、女が男に強要するという話はあまり聞いたことがない。『サティスファクション』では、これまでのセックスは男が歓ぶことを中心に考えられてきたが、女を歓ばすことも大切だ、と説いているのだが、おそらく好色な男は、昔から喜んでやっていただろうと思われる。けれど「土佐源氏」が、好きな女なら、と言っているように、男尊女卑の世界では、あたかも男が女に尽くすかのようなこの姿勢をよしとしない男も多かったのだろう。近世春画にもクンニ図はあるが、私が見たのは花魁相手のもの、唐人（西洋人）がしているもの、そして、西洋の本を見ていたら書いてあったのでやってみよう、という台詞があるもの（73ページ上図）で、やはり普通の男女がするものとは思われていなかったようだ。

ただ、平安末期に作られたという日本現存最古の春本たる『小柴垣草子《こしばがきそうし》』には、たしかに素人同士のクンニの図がある。これは寛和二年（九八六）に起きた、皇女済子《なりこ》と近衛の平致光《むねみつ》のスキャンダルを描いたものらしいが、この絵巻では近世の春画と違い、縁側でセックスが行われており、クンニの場面では女が縁側に座り、地面に跪いた男がその陰部を舐める形になっている（『定本・浮世絵春画名品集成17』河出書房新社、73ページ下図）。詞書《ことばがき》は後白河法皇または藤原（二条）為家によるとされるが、この箇所は「御あしにたぐりつくままに、をしはだけたてまつりて、舌をさし入れて舐《ねぶ》りまはすに」となっている。風呂などというものがなく、香を薫きしめて体臭を消していたという平安期だが、この時皇女は、伊勢神宮参詣のため野宮《ののみや》の斎宮《いつきのみや》で斎戒沐浴していたから、それなりに清潔だったのかもしれない……。

†正しいクンニのやり方

しかしここで問題なのは、その時の体勢である。『サティスファクション』には、これをする場合には、ベッドに女が腰を掛け、男が下に座ってするように、でないと首を痛める、と書いてあるのだ。なるほど、女が横臥し、同じ平面上で男がこれをすると、首に負担がかかる。シナや朝鮮には寝台があったが、なぜか日本ではベッドというものが普及しなかったから、前近代においては、クンニは、やりにくかったのである。だから『小柴垣草子』の、女が縁側に掛けて男が下から、という体勢は、はからずも正しいクンニのやり方に倣っているのである。日本では今でも、ラブホテルはいざ知らず、あらゆる家庭や居室、つまりセックスの場にベッドが備わっているわけではないから、都市部では住宅事情も悪いし、クンニ普及にはあまり条件がよくないと考えるべきだろう。

以上、語の研究から逸脱して猥談風になってしまったが、口唇性愛については場を変えてさらによく調べたいと思う。

なお、性戯らしいが謎の語として「播磨」というのが、志賀直哉の『暗夜行路』に出てくる。これは主人公・時任謙作の夢のなかの話で、宮本という友人が訪ねてきて、阪口という男が「播磨」をやって死んだ、というのだ。

北斎『縁結出雲杉』より
（リチャード・レイン著、林美一監修「定本・浮世絵春画名品集成・別巻」『江戸の春・異邦人満開』河出書房新社より）
「このごろりうこうのらんがくをまなんだら、ほんごくの『おやからすん』といふものゝおしへをみたが、なんでも、ぼゝをなめて、ゐんすいをくじりだして、さけにくはしてふくするより、ほかにぢんやく［腎薬］はないといふ…」

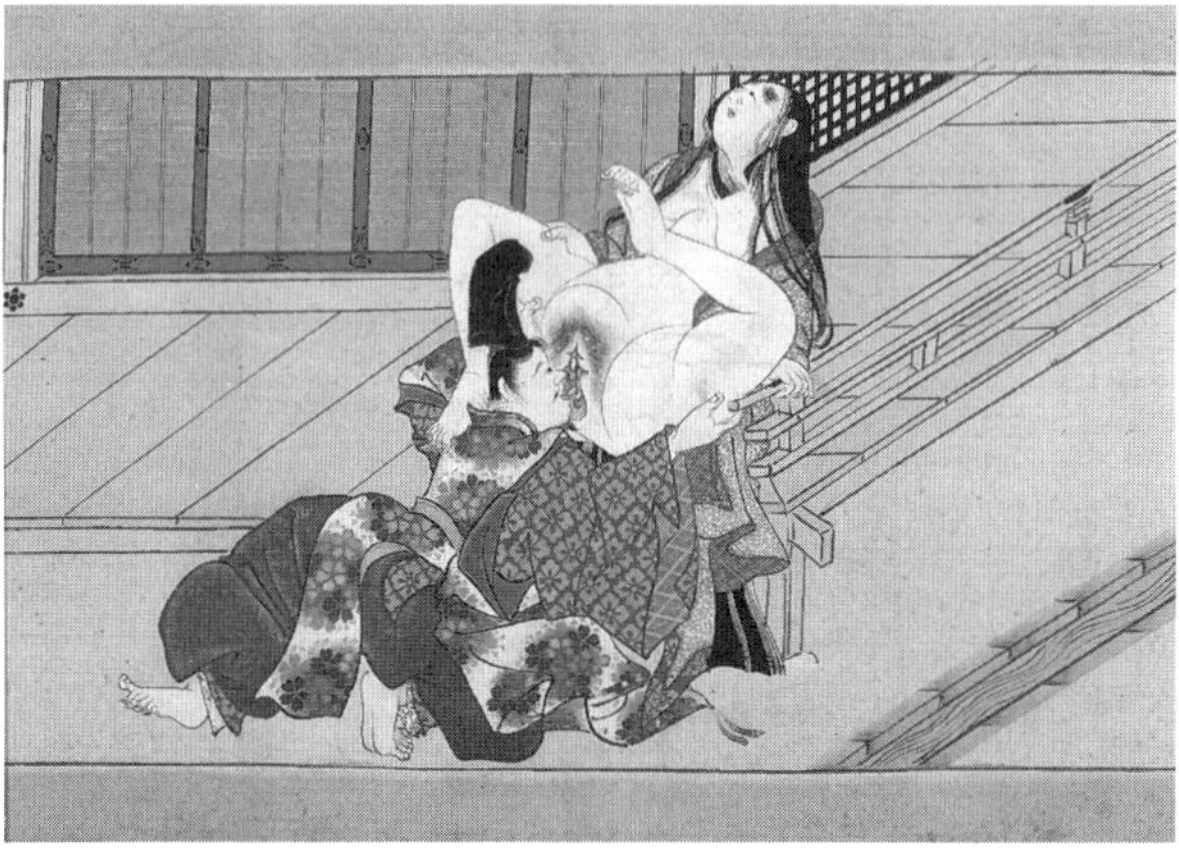

『小柴垣草子』より（部分）
（林美一／リチャード・レイン編著「定本・浮世絵春画名品集成・第17巻」『秘画絵巻【小柴垣草子】』河出書房新社より）

播磨とはどう云う事をするのか彼は知らなかった。然しとにかくそれは命がけの危険な方法で、阪口はそれを以前大阪で教わって知っていると云う事だけを彼は知っていた。（中略）阪口は淫蕩の為めにはあらゆる刺激を求めて来たが、到頭その播磨まで堕ちたかと思うと謙作は身内が寒くなるような異様な感動を覚えた。（第一、十二）

しかしその「播磨」がどういうものかは、書いていない。いろいろ調べたが、わからないし、これは志賀が、性欲の極致を表現するために創作したものかもしれない。なお、阪口のモデルは、『多情仏心』の作者で、ずいぶん遊んだらしい里見弴である。

第四節 情欲――性欲と恋愛

†「恋愛」は近代日本に輸入された？

「『恋愛』は、明治より前の日本にはなかった。明治時代に西洋から輸入されたのである」という説がある。たしかに、「恋愛」という言葉は明治期に作られたものだし、「愛」という言葉が今のような意味で使われるようになったのも、近代になってからのことだ。かつて「恋愛」輸入品説を最初に唱えた柳父章《やなぶ》（『翻訳語成立事情』岩波新書）も、最近では、「愛する」という言葉が徳川時代にも、目下の者をいつくしむ、という意味で使われていたことを正しく論じている（『一語の辞典　愛』三省堂）。じっさい、『万葉集』や『源氏物語』のころから、「恋」というものはあったではないか、そんなに「恋愛」がその「恋」と違うとは思われない、というので、私はこの説に反対してきた。

ただ、近代になってそういう「恋」や「恋愛」に関する理念が変わったのは確かである。では、どう変わったのか。いちばんよく言われるのが、プラトニック・ラヴ、つまり肉体関係を含まない恋愛関係というのが昔はなかった、というものだ。だがこれも、「片思い」というものは昔からあったのだから、どうも腑に落ちない。ならば別の言い方で、処女性の尊重とか、純潔とか、そういう考え方が庶民層にはなかった、というのもある。これもたしかに、徳川時代の武士や上層町人の娘なら、純潔を要求されたかもしれないが、下層町人や農民のあいだではそれほどでもなかった、ということは言える。日本の中流の下のほうから下層階級のあいだで、「女は結婚までは処女でなければならない」といった考え方が一般化したのは、おそらく大正末から昭和にかけてではないかと思われる。

近代的な「恋愛」を特徴付けるのは、もう一つ、結婚は恋愛の上になされるべきだ、という考え方で、これは多くの人が論じており、ほぼ異論はない。私はこれにさらに付け加えて、恋愛は誰にでもできる、というのが近代的恋愛思想のひとつの重要な特徴だ、としたが、これは今のところ、さほど浸透していないが、菅野聡美はこれに同意している（『消費される恋愛論』青弓社ライブラリー）。

ところが、一九六〇年代以後、「性の解放」ということが言われ始めて、次第にこの「純潔イデオロギー」と呼ばれるものが解体してきた。いま高校生にアンケートを取ると、「結婚していなくても愛があればセックスしてもいい」という考え方が多数派を占めるに至っている。実は私も高校生のころ、そう思っていた。しかし、だとすると、「性の近代」は終わったのだろうか。つまり、日本の若者の性は、前近代へ「回帰」しているのだろうか。じっさい、そうだと言う人もいて「平成の平安化」などと言われる。けれど、いや、一概にそうとも言えない、という人もいる。たしかに、平安時代や徳川時代の性の理念と、現代の性の理念に、違うところを見つけるのは簡単だ。

こうして、「前近代—近代—脱近代」というふうに並べて、性の理念の変化を考えたとき、どうも私の腑に落ちないものがあった。前近代のそれは「恋」とか「色」とか呼ばれたと言う。けれどそれが、近代の恋愛とそれほど決定的に違うとは思われなかったのだ。たとえば、いくら処女性が尊重され、プラトニック・ラヴが崇拝されたとしても、近代の男は、恋をすればやはり最終的にはその女と肉体的に結ばれたいと思っただろう。

†「私のカラダが目当てなんじゃないの？」

そんなこんなを研究主題として五、六年くらい考えて、だいたい自分の言いたいことは言い尽くしたかな、と思ってぼんやりしていた時、ふっと、ある類型的なせりふが頭に浮かんだのだ。

「私のカラダが目当てなんじゃないの？」

というせりふだ。これは、肉体関係にある恋人同士のうち、女のほうのせりふである。ただ、それは、その女のカラダが素晴らしい、ということではない。つまり、相手の男は、性欲を満たしたいだけではないのか、たまたま自分が引っかかってきたからセックスしているだけではないのか、他の女でもいいのではないか、私を愛しているのではないのではないか、そういう意味だ。三島由紀夫『美徳のよろめき』で、ヒロインの節子が、愛人の土屋と「海岸の小さなホテル」で「あいびき」することにしていた日に、遅れぎみの月経が来てしまうという箇所がある。林あまりのように「生理中のファックは熱し血の海を二人つくづく眺めてしまう」というようなことは、当時のひとはしないから、セックス抜きのあいびき、ということになるのだが、そこで節子は、こう思う。

こうしてこんなにめったにない機会をとらえて、節子は土屋の全く精神的な愛情の強さを試そうと思い立ったのである。今夜に限りのできたことを、二言三言詫びはしたが、土屋の屈託を見ると心が穏やかでなくなって、あなたの愛しているのは体だけなのかという言葉が出かかった。

（第十二節、新潮文庫版より）

それまでにこういう発想をする女がいなかったとは言えまい。けれど、ベストセラーになったこの小説によって、体／心という二分法を学んだ女もたくさんいたに違いないと思う。つまりここで、「性欲」と「愛情」は別のもの、ということになっている。そして現代人はたいていそう考えている。けれど――。

徳川時代に、肉体関係にある恋人同士がいたとして、女のほうがこういうせりふを口にしただろうか。あるいは、そういう発想があっただろうか。私は、近世の文学や歴史の専門家ほどではないが、近世のテクストは普通の人よりは目を通している。特に、恋愛関係のテクストは注意して読んできたつもりだ。けれど、どうも、そういう発想があったような気がしない。そして、さっき言ったように、現代の若者は、「愛があれば」セックスしてもいい、と考えている。けれど、そういう考え方は、前近代にはなかったのではないか。「愛」という、近代になってそういう意味で使われる言葉を使わないとしても、「惚れてもいないのに寝ちゃあいけない」などと言っただろうか。ないような気がする――。

†「情欲」＝「恋」だったのか？

ところで、「**性欲**」という言葉も、近代になって作られたものだ。だいたい、「性」という漢字が「セックス」とか「セクシュアリティー」とかの意味で使われるようになったのも近代になってからなのだから。しかし、もちろん前近代の人間に「性欲」がなかったわけではない。じゃあ、

曲亭馬琴『南総里見八犬伝』より

性欲のことは昔は何と言ったんだ、と思うだろう。

情欲？

あっ。

私は、十五年ほど前、まだ大学院生で論文を書いていたころ、近世後期の読本《よみほん》『南総里見八犬伝』の中に、「情欲《こひ》なればこそ」という表現を見つけて驚いたことがある。「情欲」という言葉に、「こひ」つまり「恋」というルビが振ってあったのである。「情欲」と「恋」が同じものだなんて、今の人はまず思わないだろう。

『新明解国語辞典』（第五版）で「情欲」を引くと、「異性に対する、抑えきれない性的欲望」とある。『広辞苑』（第五版）では、「①男女の情愛の欲。性欲。色情・欲求の情」とある。ユニークな辞典として知られる『新明解』だが、どちらかといえば今普通に「情欲」と言えば、『新明解』

にあるような意味で使われているだろう。あまりいい意味ではなく、まさに「性欲」が異性に向かって抑えきれずに発出している、という感じだ。

では、比較的古い漢和辞典である『新字鑑』を見てみよう。すると、「情欲」は、「一、むさぼりほつする心。二、男女が愛しあふ心。いろけ」とある。『新字鑑』は昭和一四年に初版が出た辞書だが、それはともかく、ちょっと待て。

「男女が愛しあふ心」？

さっきも言ったように、「愛しあう」という言い方自体が、近代のものだ。けれど、「情欲」という言葉が、現在、こういう意味で使われているだろうか。『広辞苑』の記述は、簡単なだけに微妙だ。しかも、「性欲」とほぼ同義、ということになっている。しかし、『新字鑑』のような意味が昭和初期まで「情欲」という言葉にあったとしたら、これに「こひ」とルビが振られてもおかしくはない。

近代の男によくあることだが、ある女と「セックスしたい」と思う際、「これは恋愛なのか、それともただの性欲なのか」と悩んだりする。志賀直哉など、こういう悩みをよく描いている。けれど、前近代の男がそういうことで悩んだだろうか。「片思い」に悩む男の姿は、平安朝から近世初期の文藝にちゃんと現れる。けれど、「これは恋なのか、情欲なのか」と悩む男というのは、見たことがない。そして、「情欲」と「恋」が同じものなら、もちろん悩むはずなどないのである。「セックスしたい」と思ったら、それが「恋」なのである。『源氏物語』の貴公子たちなど、そういう意識の中で生きているとしか思えない。
ただ、売買春とか強姦とかいうのがある。前者は、徳川時代では、そこから「恋」になることがあったが、ならない場合もあった。後者は、特定の女性に恋い焦がれてやってしまうこともあったが、単に道を歩いている女を、誰でもいいから強姦する、ということもあった。けれど、たとえば知り合った女と「セックスしたい」と思ったとき、それが恋か性欲か、という葛藤や煩悶は、なかったのではないか。
里見弴の『今年竹』前篇（大正八年＝一九一九）に、こんな箇所がある。「逞しい情欲をもつた須田としては、小錦《こきん》にまだ〳〵或る執着はもつてゐたが、併し結局それは他の女でもけつかう充されるものだつた」。小錦というのは藝者の名である。コニシキではない。藝者の名には、「君《きみ》龍《りゆう》」のように、なぜかこの種の音訓混ぜ読みが多い。さて今の部分の「情欲」は、「性欲」に置き換えることはできない。そうすると、前後の文脈と合わなくなるからである。つまりここの「情欲」は、女に惚れる欲と解するしかないのだ。

†「愛している」と言われたい男などいるのか？

『探偵！ナイトスクープ』という関西でたいへん人気のあるテレビ番組で、視聴者のおばさんが、

「夫に『愛している』と言わせたい」と依頼してきて、電話でむりやり夫にそれを言わせる、という企画があった。別にこんな例を持ち出さなくとも、「ウチの夫は『愛している』と言ってくれない」とか「結婚記念日を忘れていた。悲しい」とか、逆に男の側から「そんなこと、恥ずかしくて言えるか」とか、「そういうのは西洋人の言うことだ」とか、さらには「愛という概念は西洋的なものだから日本人には恥ずかしいのだ」とか説明される、といった例は数多い。

ただ、最後の例は、ではなぜ女はそう言ってもらいたがるのか、を説明できていない。私が「愛している」と口にすることなどさして重要ではない、と書いたら、どこだったか忘れたが、結婚情報センターから調査書類が送られてきて、女性の六割くらいが、恋人や夫に「愛している」と言ってもらいたがっている、という調査結果が載っていた。しかし、そういうことを言ってもらいたがる男というのは、あまりいない。稀にはいるかもしれないが、「さいきん、『愛してる』って言ってくれないじゃないか」とか「昨日は結婚記念日だったのに、お前、忘れてただろう」という男というのは、どうも想像しづらいのである。

それから、「釣った魚に餌はやらない」などという言葉が男女関係の比喩で使われることがあるが、これだって「魚」は女で、釣るのは男なのである。「餌」というのは、プレゼントとか、甘い言葉とか、どこかへ連れていってくれることだったりする。

しかし、なんでこういう「男女の非対称」が生まれるのだろう。昭和二九年（一九五四）にべストセラーとなった、作家・伊藤整《ひとし》の『女性に関する十二章』という本がある。ベストセラーと言っても、生半可なものではない。発売後すぐに二十万部、その年のうちに四、五十万部は売れて年間ベストワンになったエッセイである。その中に結婚を扱った、こういう一節がある。

(女にとって結婚は) 私の一生が幸福なのか、不幸なのか、それがこのたった一つの事できまるのだわ、というような問題なのです。そうです、この問題に悩まない女性が、かつて一人でもあったでしょうか。また、この問題に悩む女性に悩まされない男性があったとしても、それは例外的に幸福な男性、即ちバカか聖女か、又は初めからの女奴隷を妻にした男性でしかありません。

しかしこの当時、農家や商家を除けば、妻というのはだいたい主婦であって、経済的に独立していない。だからこういうふうに言えるのだし、男が「愛情確認」をせず女がするというのも、そういう夫婦であればわかるのである。ところが、それから五十年近い年月が流れ、このかつてのベストセラーも、ちょっと内容が古くて、中公文庫でも品切れ状態だというのに、女のこういう心理はあまり変わっていないようなのである。

†「釣った魚に餌はやらない」の「釣る」とは?

私のまわりには、インテリで、経済的にも自立している、または自立する見込みでいる女性というのが多い。そういう女性と恋愛関係にあったり結婚したりする男も多い。けれど、やっぱり彼女らは、「愛情確認」をするのであり、男の愛情が足りないとか、やっぱり釣った魚に餌はやらないのか、とか、言うのである。なんでか。

ここで問題になるのは、「**釣る**」というのがどの段階を指すのか、ということである。まあたとえば男のほうが「付き合ってください」と言って、デートをする、というような付き合いが始まるとする。これを「釣った」と言うのか。それとも、要するに、セックスしたら「釣った」ことになるのか。どうもその……後者のような気がするのである。伊藤は、夫婦について述べているのだから、当然肉体関係があるわけだ。

とすると、こういう仮説ができあがる。つまりセックスをする時、女は何か「価値」のあるものを与えるのであり、その見返りとしての「愛情表現」を繰り返し求めるのである、というふうに。要するに女は処女性が重要視され、男の童貞性(そんな言葉自体がない)は重んじられないという、いわゆる「ダブル・スタンダード」の名残りとして、経済的に自立した女でさえ「愛情表現」を求めるのだ、と言えるだろう。いや、考えてみると、経済的に夫に依存している女が、経済的に支えられているという意識があるのに対して、自立している女は、そういう支えさえ男から「見返り」として得ていないので、より強く「愛情確認」をするのだとも言いうる。

しかし、「女の貞操」が「財」であるというのは、フェミニズム理論的に言えば、家父長制的概念である。つまり女の「カラダ」はまず父親の所有であり、後に「オトコ」に譲与される、というのが家父長制なのである。だから、「フェミニスト」を名乗るような女は、間違っても「愛情確認」などしてはいけないのである。もちろん、セックスには「妊娠」というものがついてくる可能性があるので、女のほうが大きいリスクを背負っているということはあるけれど、避妊具も広くゆきわたり、避妊薬も認可された現在、「フェミニスト」であれば、妊娠したくない場合、注意深く避妊した上で、そうすべきなのは言うまでもないけれども（いちばん確実なのはＩＵＤというのを装着することであるらしい）。

ところが、もしそうなら、いったん肉体関係に入った後は、女はなんとかその男に捨てられまい、とするはずである。が、そうでもないのである。「熟年離婚」というのは、もう「財」としてのカラダも何もなくなってからの話だが、若い女でも、肉体関係にある男を「捨てる」というようなことは起こりうる。もちろん、男が女を「捨てる」というのが普通である。

「夏痩せと答えて後はただ涙　捨てられましたと言えもせず」などという狂歌もある。女の気持ちである。けれど最近は、男を捨てる女、というのも珍しくない。日本近代恋愛史上、最初の、いちばん華々しい「男を捨てた女」と言えば、有島武郎の長編小説『或る女』のモデルで、国木田独歩の最初の妻、佐々城《さゝき》信子である。信子は、民権運動家で、明治初期の女性運動家の佐々城豊寿《とよじゅ》の娘だが、彼女と出会った作家志望の青年・国木田哲夫は、激しい恋の情にとらわれ、信子もこれに応えて、母親の反対もあったのだが結婚する。ところが独歩があまりに激情的で、嫉妬して信子を責めるので、耐えかねた信子はとうとう逃げ出す。

この場合は、独歩の愛情、というより執着が異常だったと見るほかないが、そういう場合でなくとも、女が男を捨てる、ということはあるのである。しかもそれが時に、男の「愛情表現」の乏しさにあきたらず、ということもある。そしていざ「別れましょう」と言われると、慌てるのは男のほうだったりするのである。

†「肉欲」の使われ方

漱石の『こゝろ』に、次のような箇所がある。

私はもとより人間として肉を離れる事の出来ない身体《からだ》でした。けれども御嬢さんを見る私の眼や、御嬢さんを考へる私の心は、全く肉の臭《にほひ》を帯びてゐませんでした。

（「先生と遺書」十四）

「先生」と呼ばれる人の手紙の中に書いてある回想だ。これは「遺書」ということになっているのだから不謹慎な話ながら、私は以前からこの「肉の臭」という部分を見ると、じゅうじゅういっている焼き肉を想像してしまって困ったものである。問題はこの「肉」という言葉の使い方が今では廃れた、ということにあるのだが、それをのけても、現代の日本や西洋で、ある女性への恋を語りながら、そこには性欲はまったくなかった、などと言えば、禁欲的な宗教運動にでも加わっているのではないかと思われるだろう。しかし二十世紀前半の日本や西洋の知識階級の男において、こういう考え方は少なくなかったらしい。それはちょうどアンドレ・ジッドの『狭き門』(一九〇九)のように、「純愛」ゆえにセックスを忌避するといった物語を生み出す。

しかしここで問題にしたいのは「肉」という言葉の使い方だ。現代日本では「肉の臭」などという言い方はもちろん、「肉欲」という言葉も、否定的な文脈でしか使われない。だが、『こゝろ』での「肉」という言葉の使い方はかなり特殊で、冒頭の海岸の場面でも、「女は殊更肉を隠し勝ちであつた」などとある。これは一般的に「肌」というところだ。『こゝろ』全編には女性嫌悪がただよっていると私は論じたことがあるが、この「肉」の使い方はそのことと無縁ではなく、鷗外の『青年』(明治四三年=一九一〇)の主人公が、自分を誘惑した坂井未亡人を「美しい肉の塊」と見るようになってゆくのと同質の、儒教的な女性観がこの用法に現れていると見るべきだろう。
ニッコクにおける、この意味での「肉」や「肉欲」の用例は、石川啄木『鳥影《ちょうえい》』（明治四一年＝一九〇八）から「強烈《はげし》い肉の快楽を貪った後の」、および翌年の森田草平『煤煙』から「あの天上の炎の様に見える浄い情火の下には、汚い肉欲が隠れてゐないとは何《ど》うして云はれよう」、変わった例として、遊里を意味する「肉欲の天国」という言葉もあげられており、小林花眠『新しき用語の泉』（大正一〇年＝一九二一）から採られている。

ほかに「肉情」というのもあり、徳冨蘆花の『小説　思出の記』（明治三四年＝一九〇一）には「熾烈な理想の焔《ほのほ》が肉情を焼き尽したのであらふ」、永井荷風の『祝盃』（明治四二年）から「容易に肉情の奴隷にはなり得なかった」、また梶井基次郎の『雪後』（大正一五年＝一九二六）からは「然し肉情的な感じはなかつた。と行一は思つた」、志賀の『暗夜行路』第二・六（大正一〇年＝一九二一）から「急に肉情的になつた」があげられている。

ほかにも、「肉蒲団」という言葉もある。もとは清《しん》代のエロティック小説の題名だが、ニッコクによれば、「同衾《どうきん》する女性を蒲団に見なしていう語。転じて、女性の肉体」とあって、最近でもポルノ小説などでは使われている。ニッコクの用例は、『柳多留《やなぎだる》』から「国政の綻《ほころび》となる肉蒲団」という雑俳、『金色夜叉』から「姦婦なるよ！　銅臭《どうしゅう》の肉蒲団なるよ！」という、貫一がお宮を罵るせりふが採られている。前者はいわゆる「傾国の女」のことだろう。「銅臭」というのは、金で地位をえた者を罵る言葉だから、金に目が眩んで貫一を捨てたお宮をそう呼んでいるのだ。

†「肉体関係」以外には使われなくなった

しかし、現代では「肉情」などという言葉は使わない。「肉」が性的な意味をもって今でも使われているのは、「肉体関係」くらいだろう。ニッコクでの用例は、野間宏の『真空地帯』（昭和二七年＝一九五二）から「安西、どうなのか。肉体関係があるのだな」と、福永武彦の『忘却の河』（昭和三八年＝一九六三）から「どうも教子さんとは肉体関係があったに違いないの」があがっている。また同年の水上《みずかみ》勉『越前竹人形』から「自分と一どだって肉体交渉はない」が採られている。戦後すぐのころ、田村泰次郎《たいじろう》の『肉体の門』（昭和二二年＝一九四七）、『肉体の悪魔』（二三年）のような「肉体文学」と呼ばれる肉欲の描写を主とした、いわば風俗小説があらわれている。『肉体の悪魔』は、昭和五年に邦訳の出た、レイモン・ラディゲの小説の題名である。

しかしそういう「肉欲」とか「肉体」とかいった言い方は、その後、次第にすたれていった。前者は「性欲」に取って代わられたし、「精神」との対比においては「肉体」ではなく「身体」が使われるようになった。だが、「肉体関係」だけは、あとあとまで、というより現代でも使われる言葉として残ったのである。これを「身体関係」とは、言わない。要するに男女のつきあいにおいて、肉体関係のあるなしを示すにあたり、「身体関係」ではその生々しさが消えてしまうからだろう。

ほかの言い方としては「体の関係がある」というのもあるし、「性関係」とも言うことがある。「肉体」「体」「性」ならばいいけれど、「身体関係」とは言わない、というのがおもしろい。調べてみると、「身体」という言葉は、「身体検査」「身体障害」のように、かつてはおおむね医学的な意味で使われていた。だが、一九七五年に哲学者の市川浩が『精神としての身体』を上梓して話題になったころから、哲学・藝術論の分野で、「身体」という言葉がちょっとした流行を見せたのである。一時は「身体論」などと呼ばれていたが、いくつかあげるなら、滝浦静雄『言語と身体』（一九七八）、渡邊守章『虚構の身体』（一九七八）などがある。

けれど、こういう領域でも、かつては「肉体」が使われていたのである。たとえば板垣鷹穂『肉体と精神——芸術への思索』（一九五二）、堀秀彦『青春——その肉体と心理』（一九五五）、市川雅《みやび》『行為と肉体』（一九七二）などである。特に有名なのが、唐十郎の『特権的肉体論』（一九六八）である。堀の本は人生論だろうから、今なら「肉体」とは言わないだろうし、市川雅の本は舞踊論だろう。しかし「肉体」は全体として、卑猥な、ないしエロティックな意味合いを持つ言葉として定着してゆき、もと医学用語だった「身体」がこれに取って代わったのである。

角川書店の『現代漢字語辞典』の「肉体」の項には、「『身体』よりも現実的な意味で使われる。

性的欲求や理性を失った感情などと深くかかわることが多い」と説明があるが、それはこの七〇年代半ば以降の趨勢を指したものである。もっとも「現実的な意味」というのは、ちょっと変な説明だ。身体障害や身体検査だって「現実的」なんだが……。

†「性愛」の歴史

また、最近は、「恋愛」の代わりに「**性愛**」という言葉が使われることが多くなった。「恋愛」というと、肉体関係のないそれを何となく想像するので、明治期に「恋愛」が、清らかな関係を意味させるために作られたように、肉体関係アリの恋愛を論じるための言葉として「性愛」が多く使われるようになったのだろう。もっとも、この言葉は何も新しく作られたわけではない。昭和初年の性科学書の題名には、この言葉がよく出てくる。

性科学については、川村邦光などがかねてから詳しく研究しているが、例をあげれば、性科学界の第一人者だった羽太《はぶと》鋭治に、『性愛技巧と初夜の誘導』（昭和二年＝一九二七）なる本があり、昭和三年（一九二八）には、国際性学資料研究会編『性愛大鑑』なる書物も出ていて、題名はあたかも徳川期の『色道《しきどう》大鑑』のようである（もっとも後者はオオカガミ、前者はタイカン）。

昭和六年（一九三一）には、やはりその道では名高い梅原北明《ほくめい》の『世界性愛談奇全集』、海野不二の『性愛十日物語』、近藤久男の『性愛の神秘』、赤井米吉の『性愛の進化・方向』、翻訳として『印度古典カーマスートラ／性愛の学』、中島孤島訳『性愛史話』、酒井潔訳『獄中性愛記録』が出ており、この年はちょっとした性愛本ブームだったわけだが、それも時代のエロ・グロ・ナンセンスの世相から来たものだろう。ほかにもいくつかあるが、昭和九年（一九三四）には竹田津六二『性愛生活夫婦読本』、一一年（一九三六）にはやはり名高い沢田順次郎の『性愛・人生』、二神弘の『性愛技巧に就て』が出ている。

概してこの当時の「性愛」本は、猟奇趣味的なものか、あるいはセックスの技巧を扱ったものが多く、後者の流れは戦後になっても続き、昭和二四年（一九四九）に高橋鉄『性愛五十年』、二六年（一九五一）には荒垣恒政『性愛手帖』、三〇年（一九五五）には風俗資料研究会編『性愛・慾望・技巧』が出ている。しかし、こういう題名の本は、昭和三六年（一九六一）の杉靖三郎『完全なる性愛』あたりを最後に、とんと見られなくなる。

もっとも、現在から見ても普通の用法はある。石坂洋次郎『若い人』（一九三七）には「ほかならない男女の性愛に関する問題で欺瞞のカラクリを用いたという反省が」（下巻二十一）云々という箇所があるし、舟橋聖一の、昭和二七年（一九五二）に刊行された『藝者小夏』で、ヒロイン小夏が初めて男を知るところに「あの晩、小夏は、はじめて、性愛というものの強い陶酔を知った」とある。もっと古くは、菊池寛『第二の接吻』（大正一四年＝一九二五）に、「恋愛でもないのよ。きっと性愛だけよ」というせりふがあるが、「恋愛」との違いを意識した珍しい用法である。

†学問としての「性愛語」

しかし技巧としての「性愛」のような使い方、あるいは猟奇的な書物の題名としての性愛は、いつしか消えてしまう。その理由として、まず、高度経済成長によって、日本の読書階層が、保守的な性道徳を身につけ、猟奇趣味的な書物など買わなくなったこと、そして「性愛」ではなく「エロス」とか「セックス」といった言葉がこれに取って代わったことがあげられるだろう。

それが復活してきたのは、八〇年代の「性の解放」のため、それまでの「恋愛論」のような題名が不適切になってきたことと、米国の趨勢を受けて、学者がこの領域を研究対象にするようになったからである。戦前の性科学者や、戦後の奈良林祥や板坂元《げん》のように、性愛について書く学者は、いちおう学者ではあっても、いくぶん「色物」学者扱いされるのを免れなかった。セクシュアリティ研究というものが、「まともな」学問として認知されてゆくにあたって、「エロス」という言葉はもう古び、手垢がついていた。そこで「性愛」という、過去の用法を忘れられた言葉が、元来漢語（漢字二字語）に高尚なものを感じる日本人の言語感覚を背景として復活してきたのである。

これを本格的に書名に用いたのは、対談集『対話篇　性愛論』（河出書房新社）を一九九一年に出した上野千鶴子だと言っていいだろう。上野もまたこの当時は、「色物」学者として扱われる危険性と隣り合わせだった。だがその二年後、上野が京都精華大学から東大助教授に抜擢されたことによって、「性愛」は学術用語として認められたのかもしれない。事実、それ以前に「性愛のポリティックス」のような論文を書いていた社会学者で東京工業大学の橋爪大三郎は、九五年に『性愛論』を権威ある岩波書店から刊行し、九六年には京都大学の大澤真幸《まさち》が『性愛と資本主義』(青土社)を、九七年には日本中世文学の田中貴子が『性愛の日本中世』(洋泉社)を出し、すっかり「性愛」は学問用語として定着したのである。もちろん本書も、その流れの上にある。

第五節 愛の告白

†西洋に「愛の告白」はないと思ってた

子どものころ、一人で留守番していたら、電話が掛かってきた。出ると、男の声で、「お姉さんいますか」と言う。私には姉などいなかったが、なんとなく怖かったので、「いえ、いません」とだけ言ったら、電話は切れた。私は、ちょっとどきどきした。若い男が「お姉さんいますか」である。子どもとしても、何か艶っぽいものを感ぜざるをえない。

母が帰ってきたので、この話をした私は、いやらしくも、

「愛の告白かな」

などと言ったのである。母は、「いたずらでしょ」と躱《かわ》していたが、まあ子どもの発想とはいえ、その発想のステレオタイプぶりは、今思い出しても恥ずかしい。

ところで問題は、この「**告白**」という言葉である。最近では、「コクる」という言葉が若者の間では使われているが、そもそも「告白」は何も「愛の告白」にだけ使われる言葉ではない。それが、日本ではとうとう「告白」と言えば「愛の告白」になってしまったのである。やはり日本語の「告白」が「愛の告白」に特化した観があるのは、本来「不道徳」の意味だった「不倫」が「姦通」の意味に特化したのと同様、特異な現象ではないのか。なぜか。

『告白』という題名の書物が、少なくとも西洋には二つある。アウグスティヌスとルソーのものであり、いずれも昔は『懺悔録』などと訳されていた。南蛮時代の日本に来た宣教師のコリャードが、日本人宣教のために書いた『懺悔録』という本もある。いずれも、コンフェッション、という英語の語源であるラテン語のコンフェッシオーネ、あるいはフランス語のコンフェシオンを題名としている。けれど、これらはいずれも、「悪事の告白」なのである。アウグスティヌスは、キリスト教に帰依する前は、放蕩の生活を送っていて、それを「告白」したのだし、ルソーも、何人もの女性との情事や、できた子どもを孤児院の前に棄てたことなどの「悪事」を「告白」ないし「**懺悔**」したのである。

カトリックでは懺悔聴聞僧というのがいて、信者の「告白」ないし「告解《こっかい》」を聞くのはよく知られている。中世英国の詩人ジョン・ガワーには『恋する男の告解』と訳されている文学作品があり、これも原題は Confessio Amantis（ラテン語）だから「告白」と同じなのだが、別に恋する相手の女性への「告白」ではなく、恋していることを神に告げる、という形式のものだ。つまり「恋」が、罪と見なされたのではないか。ならば「愛の告白」というような言い方は、西洋にはないのではないか、と私は一時期考えていた。

ところが、「西洋人は『愛の告白』はしないのではないか」というこの仮説は、ヴラディミール・ナボコフの小説『ロリータ』で、主人公ハンバート・ハンバートに、ロリータの母から手紙が来て、その冒頭に「これは告白です。あなたを愛しています」とあるのを発見して、崩れてしまったのである。原文は'This is a confession. I love you.'であるから、議論の余地はない。その後注意していたら他にも見つけた。

†「色ざんげ」

明治四〇年に田山花袋が『蒲団』を発表したのも、花袋自身の「告白」だと言われているが、妻子のある文学者が、女弟子に恋をしていたという内容のこの「告白」は、罪の告白ではなく恥の告白だ、と私は論じたことがある。けれど、いずれにせよ「隠すべきこと」である。ところが、『蒲団』の中に、時雄が女弟子への恋情を「告白」するという言葉は出てこない。当の女弟子の、恋人と肉体関係を持ちましたという手紙は出てくるが、それも「懺悔」と呼ばれている。そう、だいたいこういうのは日本では昔から「懺悔」と呼ばれていたのである。

「懺悔」を表題に使った文学作品というのは、尾崎紅葉の『二人比丘尼色懺悔《ににんびくにいろざんげ》』（明治二二年＝一八八九）や宇野千代の『色ざんげ』（昭和一〇年＝一九三五）があるが、徳川期の富士信仰においては、庶民が、「さんげざんげ六根清浄《ろっこんしょうじょう》」と唱えながら富士山へ登り、罪障消滅を祈ったものだ。紅葉の作品は、懺悔といっても別に悪いことをしたわけではない。二人の比丘尼が、自分たちの一人の男への恋を語るというもので、実はその男が同一人だったと知れる、という筋なのだが、比丘尼だから、色事というのは「懺悔」の対象なのだ。宇野のほうは、題名から宇野自身の、ないし女の告白録かと思われそうだが、そうではなく、一時期宇野の恋人だった東郷青児をモデルにした、男の漁色懺悔小説である。つまり、色事に関しては「懺悔」が一般的だったのである。だがもちろん、「愛の告白」を「愛の懺悔」には置き換えられない。ルソーの『告白』が、昔は『懺悔録』と訳されていたように、自分はいろいろな女と関係を持った、ということを世間に告白するのが「懺悔」だったのである。

ところが、明治文学の中で、「告白」という言葉が重要な場面で出てくるのは、『蒲団』の前年に刊行された島崎藤村の『破戒』（昭和三九年＝一九〇六）で、ここには歴々と、主人公・瀬川丑松が、自分が被差別部落の出身者であることを「告白」するという言葉が出てくる。同じ年、明治三九年（一九〇六）に完結した、キリスト教社会主義の作家・木下尚江の長編小説『良人《りょうじん》の自白』は、今ではあまり読まれていないが、昔は熱狂的な読まれ方をしていた（現在は『木下尚江全集』所収)。ところがこの、全集で二巻にわたる長編を読んでいても、「自白」の場面は出てこない。どうも、愛のない結婚をした主人公が別の女との情事を繰り返して堕落し、最後にそれを妻に自白する、という構想が、途中で変わってしまったかららしい。しかし今では「自白」と言えば、もっぱら刑法上の犯罪に関して使われる言葉だ。言い換えれば「白状」である。

すると、「愛の告白」とは何なのだろう。私はじっさい、ある女性がある男から、「告白します。あなたが好きです」と言われているのを漏れ聞いてしまったことがある。これは、人ごとながらどきどきした。しかし、あなたを愛している、というのは、罪ではなかろうし、恥でもなかろう。国語辞典類で「告白」を引くと、普通「隠していたことを打ち明ける」等の語釈になっている。とはいえ、「うちの両親が離婚しそうなんだ」と友だちに話すのは、告白するというより、「打ち明ける」だろう。何より、この例のように、告白する相手とは直接関係ない「隠しておいたこと」と、その相手を愛している、という「隠しておいたこと」とでは、自ずと行為の意味も変わってこようというものだ。

「懺悔」を除くと、confessionは、ほぼ三通りに訳されうる。「告白」「自白/白状」「告解」である。してみると、「犯罪」「隠しておいたこと」という「confess すべき内容」のうち、「自白/白状」が充てられ、相手に関係ないことには「打ち明ける」という和語が充てられて、犯罪は「告白」は、「あなたが好きです」という「愛の告白」だけに残った結果が「コクる」だということになろう。たしかに、友だちとか同僚とか師弟とか、もともと何らかの関係にある異性に、いや同性でもいいけれど、「あなたが好きです」と言うことは、それまでの関係を壊してしまう危険性がある。だからおいそれとは言えない。それで、一種の覚悟を決めて口にする。それゆえ「告白」というのだろう。ただし「罪」つまり法律上の犯罪にならない「嘘をついていました」のような場合は、「告白」でもおかしくはない。

†日本と西洋の「求愛」の違い

西洋ではむしろ、こういうのは**「求愛」**、英語なら「コートシップ（courtship）」という。動詞なら、「ウー（woo）」というのが、「言い寄る」という意味だ。フランス語には、「求愛する」という意味の動詞、クルティゼというのがあるが、なぜか名詞形はない。「あなたが好きです、でもいいんです、言いたかっただけです」ということもあるだろうが、基本的には「お付き合いしてほしい」というのが、「求愛」の意味するところである。日本人だって、基本的にはそうであろう。いま私が書いているように、「求愛」という言葉だってある。けれど、この言葉は、日常的には使わない。「あなたを愛しています」だって日常的には使わないけれど、「これから、求愛します」なんて、まったく使われていないだろう。

しかし、先ほど書いたように、相手にすでに恋人なり配偶者なりがいて、もう諦めていて、で

『東京ラブストーリー』
Ⓒ柴門ふみ／小学館

も好きだということだけは言っておきたい、ということもあろう。私も電話でそういうことをしたことがあるし、私の友人でもいる。これだと、確かに「求愛」はおかしい。「愛の告白」にしかならない。では西洋人はそういうことはしないのだろうか。相手に恋人なり配偶者なりがいて、それでも好きなときは、どうするのか。以下は、まったく裏付けのない、私の感触だが、西洋人がそういう場合になおかつ「あなたが好きだ」と言うときは、その恋人なり配偶者なりと別れてくれ、という含み、というか、勢い、というか、覚悟があるように思う。それだけの覚悟もなしにそんなことを言ってはならない、という倫理があるように思う。

だいたい、「愛の告白」という言い方は、腰が引けているのではないか。「好きなんですけど、あっ、いいです、嫌なら、断ってください、どうせ僕なんか、ダメですよね」みたいな響きがある。ところが、柴門ふみのマンガ『東京ラブストーリー』で「俺じゃダメなんだろ」と男が言うと、それを聞いた女の心がこの男のほうへ傾く、という場面があった。これにはずいぶん悩まされた。こんな腰の引けた態度で、なんで傾くのか。西洋では、あるいは韓国でも、こういうことはない（呉善花《オ・ソンファ》『恋のすれちがい』角川文庫参照）。「俺じゃダメなんだろ」などという気弱な男は女の気を引くことなどできはしない。

†堀辰雄の誤訳

ところで、堀辰雄の出世作『聖家族』（昭和五年＝一九三〇）のなかに、「さうして或る日、彼女はたうとう始めて扁理《へんり》への愛を自白した」という文がある。彼女というのはヒロインの細木絹子で、扁理というのは主人公の河野扁理、モデル小説としては堀自身なのだが、この文を見ると、絹子が扁理への愛を当人に打ち明けたか、あるいはほかの誰かに打ち明けたかに思える。けれど前後を見ても、そうは取れないのだ。文脈を見れば「**自白**」というのは「自覚」の意味にしか取れない。私は誤植ではないかと思っていろいろな版を見たが、みな「自白」である。

注釈でもないかと思って研究書の類を見てもわからず、詳しそうな友人に尋ねてみたら、フランス語の avouer は「告白する、自白する」という意味だが、再帰代名詞を用いて s'avouer になると「自分が……であることを認める」という意味になる。当時の堀はフランス語かぶれだったので、フランス語ふうのつもりで書いたのではないか、ということだった。何しろ有名な「風立ちぬ、いざ生きめやも」にしてもヴァレリーの誤訳なのだから（第七節参照）、ありそうなことだ。堀作品の人工性をあげつらった『昭和の文人』（新潮文庫）を書いた江藤淳は気づいていただろうか。

何度かふれた石川達三の『青春の蹉跌』には、「だから彼は今日まで一度も愛の告白や愛の誓いを与えなかった」という表現がある。一九六八年の作品である。ではここで、いくつかの文学作品の中から、「愛の告白」の場面を抜き出してみよう。中世以前の日本では、こういう場合、和歌を送るのが普通だったので（天皇が妃を娶るときですら、儀式として和歌を送っていた）、面と向かって「おぬしが好きじゃ」と言うとか、散文の手紙を出すとかいうことはなかった。徳川期文藝にはあるけれど、ここでは近代小説から。

名高いのは、漱石の『それから』（明治四二年＝一九〇九）だろう。ここでは、男―長井代助は独身、女―平岡三千代は人妻だが、三千代は結婚前から代助を愛していたらしい。それまで何度か二人で会っていて、うすうすお互いの気持ちは察しつつある。ここでは、まだ三千代が結婚していなかった五、六年前のことが話題になっている。

……代助は深い眼を三千代の上に据えて、
「僕は、あの時も今も、少しも違つていやしないのです」と答えた儘、猶しばらくは眼を相手から離さなかつた。三千代は忽ち視線を外《そ》らした。さうして、半ば独り言の様に、

「だつて、あの時から、もう違つていらしつたんですもの」と云つた。

三千代の言葉は普通の談話としては余りに声が低過《ひくすぎ》た。代助は消えて行く影を踏まえる如くに、すぐ其尾《そのお》を捕えた。

「違やしません。貴方にはたゞ左様《さう》見える丈《だけ》です。左様見えたつて仕方がないが、それは僻《ひが》目《め》だ」

代助の方は通例よりも熱心に判然《はつきり》した声で自己を弁護する如くに云つた。三千代の声は益《ます》〱低かつた。

「僻目でも何でも可くつてよ」

代助は黙つて三千代の様子を窺つた。三千代は始めから、眼を伏せていた。代助には其《その》長い睫毛《まつげ》の顫《ふる》へる様が能《よ》く見えた。

「僕の存在には貴方《あなた》が必要だ。何《ど》うしても必要だ。僕は夫丈《それだけ》の事を貴方に話したい為にわざ〱貴方を呼んだのです」

(引用は漱石全集から)

「あなたが必要です」という言い方には、肯定的意見と否定的意見とがある。前者は、正直である、斬新である、というのだが、後者は、自分中心の言い方だ、というのだ。まあ、どちらでもいい。むしろ私は、「僕」という一人称が気になる。というのは、「私」という一人称は、恋愛には使いづらい、と考えているからだ。

†告白シーンの「緊張感」

その少し前、二葉亭四迷の『其面影』では、男—小野哲也は、妻がいるのみならず婿養子で、しかも女—小夜子は、その妻の腹違いの妹で、未亡人である。この二人は次第に思い合うようになり、まだ関係のないうちから、「安待合」ででも逢っているんだろう、と妻に邪推されるが、その後ほんとうに関係を持ってしまう。その場面もおもしろいのだが、長いし、私は『〈男の恋〉の文学史』(朝日選書)ですでに紹介したので割愛する。

『其面影』も『それから』も、『朝日新聞』に連載された新聞小説だから、読者はこういう場面が出てくるのを固唾を呑んで待っているというわけだ。

それから、川端康成の初期短編『文科大学挿話』(大正一五年=一九二六)は、それこそ「愛の告白」で終わっている。

「なんのお話?……私のこと?……それともあなたのこと?」

「…………。」

「なんでも伺いますわ。この通り耳を持って居りますから。——どうぞ、なんなりと。」

（中略）

敬一はもう逃げていることはできなかった。話があるから来てくれと言ったのも、自分を捕えて置くためだったのだ。

「僕の話というのはおわかりでしょう。」

「だってそんなこと……。」

ふたりの間の水色の火鉢に苦しい沈黙がかぶさっていた。

「僕があなたを恋しているんです。」

この憎むべき言葉を吐き出して、敬一は縮かんだ。こんな愚かな言葉遣いをしたのは生まれて初めてだと思った。その瞬間自分の頭の中を砂漠のように感じた。

（引用は『抒情歌・たまゆら　他八編』旺文社文庫より）

この短編はこれで終わりである。やっぱり「僕」が使われている。だいたい徳川後期以降、男にとっての色恋の相手は、娼婦や藝者だったし、そもそも彼女らは色恋を職業にしているようなものだから、こんなに緊迫した「愛の告白」は必要ない。この場合のように、素人女性が相手になると、緊張感が生まれるのだ。

†プロポーズではない愛の告白

けれど、やはり「愛の告白」という言葉の日本での使われ方は、かなり特異ではないか、と思えるのだ。ところで、さきほど書いた、私が漏れ聞いてしまった「愛の告白」だが、彼はその後、「付き合ってくださ い」と言ったのである。これである。

何が「これである」かと言うと、「愛の告白」は、その後に「結婚して下さい」と続けば「プロポーズ」になるが、そうでない場合も少なくない。相手が既婚者であるとか、特に結婚を考えずに「告白」という言葉を使った例は、小説のなかにもある。

たとえば昭和三一年(一九五六)に『毎日新聞』に連載された丹羽文雄の『日日《にちにち》の背信』である。この長編の主人公・土居広之は三十七歳で、父親から受け継いだ会社の社長だが、妻は長らく病気である。彼が、六角庫吉《ろっかくくらきち》という資産家の二号である屋代幾子という美しい女を知って彼女に惹かれ、ある夏の日、彼女が、六角が別の女に生ませた子どもを連れて江ノ島に行っているのを知って、彼女に会うためにそちらへ向かう。偶然を装って、東京へ帰るために二人を自動車に乗せる。運転手がいるから三人で後部座席に乗るが、子どもは運転席に肘をかけて乗り出している。

偶然の出会いかしらと、幾子はうたがった。すると、先日、この日曜の自分らの江の島行を口にだしたことが思いだされた。まさか、と否定する。そのため土居広之ともあろうものが、わざわざ自分に会いにきたとはうけとれなかった。そこまでうぬぼれるわけにはいかない。そこまで関心をもたれているとは信じられなかった。(後略)

土居は子どもを促して助手席に移し、後部座席で二人きりになってから、低い声で「告白」を始める。

……土居の声は低くなった。

「さんざんあなたを、さがしてあるいた。焼けつくような海岸を、いく度か往復しました。会えないとあきらめながら、全身汗になりながらあるいたものです。このからだは、まだぬれてます。気持がわるいんですが、あなたに会えた思いで、そんなものは何でもない。信じてもらえないかもしれない。もう会えないとあきらめて、車にのりこんだものです。それでも未練があったので、ゆるゆると走らせました。それがよかった。とうとうお目にかかれた」淡々とした告白になった。

(「海」)

このあとも何度か「告白」が出てくる。しかし見てのとおり、土居には妻がおり、幾子にはぬしがある。結婚の申し込みでは、ありえない。かといって土居がこのあと、付き合ってくださいとダイレクトに言うわけではなく、何度か映画や芝居に誘うことになるのである。

よく知られている通り、漱石の『こゝろ』(大正三年＝一九一四)では、「先生」は、恋の相手のお嬢さん本人ではなく、その母親に向かって「お嬢さんを下さい」と言う。その漱石が死んだあとで、長女の筆子に恋した久米正雄が、その恋に破れた経緯を書いた『破船』(大正一一年＝一九二二)でも、当人ではなく母、つまり漱石未亡人夏目鏡子に、その意向を告げている。その久米が失恋の苦悩の最中に書いた通俗小説『螢草』(大正七年＝一九一八)には、かなり通俗的な「愛の告白」の場面がある。

「澄子さん！」野村はそつとかう呼んで彼女の手を取つた。「澄子さん、僕は貴方の事を考へてゐたんです。僕は貴方を愛してゐるんです。」

澄子は更に首垂《うなだ》れた。

野村の声は更に怪しい顫へを帯びた。

「僕は、それに対する貴方のお答へが伺い度《た》いんです。貴方も私を、この取るに足らぬ僕を愛して下さいますか。それとも下さいませんか。」

（引用は『現代長篇小説全集　久米正雄篇』より）

その後、「それが彼の彼女に恋を打あけた初めの日だつた」とある。ここではそれから婚約したことになるのだが、つまり小説ではこんな場面を設定しても、現実には母親に承諾を得るというのが一般的だったのだろう。しかしこの『螢草』や菊池寛の『真珠夫人』以来盛んに書かれるようになる大正後期から昭和にかけての通俗恋愛小説では、この種の場面がよく出てくる。中村武羅夫《むらお》の『静かなる曙』（昭和初年？）には「彼女の胸に芽生えかけてゐた恋愛が、英夫の愛の告白を聞くと同時に、烈しい勢ひで育つて来たのである」とあるし、加藤武雄の『銀の鞭』（昭和三年＝一九二八）にも、手紙で、「僕はあなたに対する告白の機会を見つけるつもりでゐたのです。」という箇所がある（引用はいずれも『長篇三人全集』より）。これはいずれも、求婚と同義の「告白」である。

†いきなりプロポーズは変か？

戦後の昭和三〇年（一九五五）に刊行された池田みち子『女の放蕩』に収められた短編「醜婦伝」では、二十一歳の大学生・増太が、下宿先の四十五歳の独身女・由乃から迫られるというなかなか（かなり）面白い小説だが、そこでは由乃の若いころの話として「由乃のひどく唐突な愛情の告白を、須田はいい加減にあしらいながら」とある。しかし増太に対しては、手を握ったり「可愛い」と言ったりいきなり接吻したりしただけで「恋人」になったつもりになっていて「告白」はないし、この言葉も出てこない。『日日の背信』の場合、相手は自由な身ではないのだが、独身女であっても、結婚するかどうかわからないけれども付き合ってみる、という発想が一般化するのは七〇年代半ば以降であり、その後、八〇年代に逆転するのである。

何が逆転かというと、いきなり結婚を申し込むというのが「変」な行為だと見なされるようになったらしいのである。実は私は数年間、友人関係にあった女のひとに「プロポーズ」したことがある。そんなに異常なことではないと思うのだが、若い友人にこのプロポーズの話をすると、「えっ、付き合ってもいないのにプロポーズしたんですか。おかしいですよ、そんなの」と言われたのである。つまり私より若い世代では、まず交際して後、プロポーズが来ることになるらしい。「逆転」と言ったのは、これである。

昭和四―五年（一九二九―三〇）に新聞に連載された岸田国士の『由利旗江』に、こんな場面がある。

「それぢや、僕と結婚して下さる意志はありませんか」

そら来た！　と、彼女（旗江）は思つた。それと同時に、なにか大胆な返事がしてみたくなった。

「いきなり結婚のお話なんて、随分ですわ」

「……」

「おわかりにならない？」

「だつて、いきなり、『僕は、あなたを愛します』とも云へないぢやありませんか」

（引用は『岸田國士長篇小説集』より）


「大胆」とあるのは、旗江がここで、いきなりの求婚ではない愛の告白を要求しているに等しいからで、昭和四年なら、むしろいきなりの求婚が当然だったのである。

北米やフランスや北欧で、六〇年代の「性革命」が起こったあと、若者たちの間には、セックスには相性というものがあるから、結婚前に同棲してみるべきだ、とか、セックスはともかく、やはりいきなり結婚して同居するより、一定期間試験的に同棲してから結婚を決めるべきだという考え方が広まった。日本ではそこまで行っていないが、やはり結婚前にデート程度の「交際」をすべきだ、とか、それから「プロポーズ」へ進むべきだという男女交際段階論が一般化しているらしい。ただし、私が「プロポーズ」した相手は、私と同年代だったので、別にそのことに違和感は覚えなかったようである。

とはいえ、世の中には、会ったこともない人と結婚するために外国まで行ってしまう凄い人もいる。といっても、いわゆる「写婚妻」のことではない。ロベルト・ロッセリーニの『無防備都市』を観て感激のあまりロッセリーニと結婚しに行ってしまったイングリッド・バーグマンのことである。逆に、推理作家の西村京太郎は、若いころ、まだ作家になっていなかった山村美紗から絵はがきのファンレターを貰い、そこに「夏休みには」と書いてあったので、女子大生だ、と思い込み、すぐに京都まで会いに行ったら、山村は学校の先生だった。とはいえ、それが西村と山村のその後の長い関係の発端となったのだから、運のいい男というのはいるものである。

第六節　処女と童貞——処女は近代の発明？

†処女にこだわる男

昭和二四年（一九四九）に獅子文六が刊行した長編『てんやわんや』は、戦後のどさくさの中で、二十九歳の冴えない男・犬丸順吉が四国独立運動に巻き込まれるという、奇想天外、気宇壮大と言いたいけれどちょっと尻切れトンボな感じの作である。冴えない男だから「理想も恋人もない」のだが、彼が四国の農村で、アヤメという娘から「伽」を受けるのである。おもしろいから引用する。

なんという、不思議な礼譲であろう。アヤメは、金銭からでもなく、欲情からでもなく、もちろん、恋愛からでもなく、私のために、身を任せてくれたのである。

私は、羞恥と感謝とで、面も揚げられない気持だった。といって、私のような卑猥男子が、ホクソ笑むようなことは、一つもなかった。ほんの少しでも、彼女は淫らではなかった。

そして、こうくる。

処女、非処女！　それは、なんの問題であるか。アヤメのような清浄感に満ちた女性が、日本のどこにいるだろうか。あの瞳の輝き、あの声、あの肢体――それは、処女中の処女の持物ではないだろうか。（中略）私は、多くの内気な青年と同じく、肉体的処女性なるものに、過当の評価を払っていたらしい。処女何者であるか。いや、形式的処女性何者であるか。

（新潮文庫版より）

「**処女**」などという概念は近代の発明だ、こういう概念が女の性を束縛したのだ、その元凶は「処女の純潔を論ず」などという論文を書いた北村透谷だ、というふうに呼号する人たちがいる。新聞では「処女作」という言葉は、女性差別的な語だから使えないらしく、私は新聞の原稿で「第一作」に直した経験がある。もっともそのあと「処女詩集」という表現を新聞紙上で見つけたから、けっこういいかげんなのかもしれない。「処女にこだわる男のバカさ」というのは、もうこのところ、盛んにあちこちで言われている。

右の順吉など、作者が滑稽に書いてはいるのだが、少なくともその処女へのこだわりかたは、今では十分、女たち、あるいはリベラルな（ぶっている？）男たちにとっては嘲笑の対象になるだろう。たしかに、某有名推理小説のように、花嫁が処女でなかったことにショックを受けて殺してしまう、などというのはひどいが、単にこだわる程度なら、こだわりたい男はこだわればいいし、たとえば現代において処女でない女が処女好みの男を恋人にしてしまって悩む、ということがあってもそれは個人的問題であって、近代の処女崇拝や戦後の純潔教育がどうこう、と騒ぐほどの問題でもあるまい。

†肉体の純潔と精神の純潔

ニッコクには「処女崇拝」という項目があり、①として「処女を神聖視して宗教的尊崇の対象とすること」、②として「清純な未婚女性を神格化して、あがめ敬うこと。また、男性、特に若い男性が処女を神秘化し、近よりがたいものとしてあがめること」とある。なるほど、「清純な未婚女性」か。処女でも子どもじゃあしょうがないし、未婚でも「清純」でなければいけないわけだな。用例としては芥川龍之介『侏儒の言葉』から、「我々は処女を妻とする為にどの位妻の選択に滑稽なる失敗を重ねて来たか、もうそろそろ処女崇拝には背中を向けても好い時分である」があがっている。

しかし、これが書かれた大正末年に、処女崇拝でばたばたしていたのは、芥川のような帝大出身のインテリくらいではなかったか。芥川自身は前にあげた人妻との情事などで悩んだあげく、処女崇拝とはオサラバしたのだろう。とはいえ、「処女崇拝だのプラトニック・ラヴだのは古い」といった言い方は、明治三十年代から何度も繰り返されてきたのである。昭和三一年（一九五六）の石坂洋次郎『陽のあたる坂道』には、こんな会話がある。

「……でもね、たか子さん、社会の実情に即さない理屈は、双刃の剣みないなもので、下手にふりまわすと、自分を傷つけますからね……」

「男と同じに、女も処女性などにこだわる必要がないなどという理屈もそうでしょうね……」

「まあ、いまの段階ではそう心得ていた方がいいでしょうね。将来はどうなるか知りませんけど……」

「例えば、雄吉さんはこだわりますか――?」

「……こだわりますね。ウソを見すかされて貴女に軽蔑されるよりも、正直なところを申し上げて、頭の古い男だと思われた方がまだ増しですから……」

（新潮文庫版より）

ニッコクの「処女性」の項目では、太宰治の『人間失格』（昭和二三年＝一九四八）から「処女性の美しさとは、それは馬鹿な詩人の甘い感傷の幻に過ぎぬと思ってゐたけれども」があがっている。数年前、大阪の『探偵！ナイトスクープ』という番組で、道行く人に、処女は大切か、と訊いて回ったとき、スタジオで結論として採用されたのは、「精神的処女性が大切だ」というものだった。庶民の保守性と社会の進歩の妥協点というところだろうが、徳田秋声の『縮図』（昭和一六年＝一九四一）には、ヒロインで藝者屋を営んでいる銀子のこんな述懐がある。

銀子はそう言いながら、この場合にも、いつか何かの花柳小説でも読み、何かの話のおりに土地の姐さんも言っていた、肉体と精神の貞操について考えていた。商売している以上、からだはどうも仕方がない。汚れたからだにも純潔な精神的貞操が宿り、金の力でもそれを褫《うば》うことはできないのだと。　（「素描」十五、岩波文庫版より）

身体の純潔とは別に精神の純潔があるという考え方は、ここでは藝者のものとしてながら、素人女性のものとしても、大正期の与謝野晶子の評論に見られるように、昔からあるものなのである。

†処女を求める男のための「処女屋」

しかし処女を求める男たちのために「処女屋」というものが、かつてあったらしい。つまり売春業ではあるのだが、その売春婦が処女だというふれこみなのである。そんなバカなことがあるはずがないのだが、私はこれを野坂昭如の『感傷的男性論』（悠飛社）で知った。「水揚げをさせるから、ぽんぷ屋ともいう」そうである。一九六〇年代の話らしい。野坂の文を引用しよう。

ぽんぷ屋の女というのは、かなり男を知っていないと駄目。つまり男が処女を想定した時にどういうような期待をしてるかということを心得ていなきゃいけない。（中略）馬鹿な男が、処女であることを想定した格好をし、そのようなことをいうわけだ。しかも一瞬にして相手が何を考えているか、言葉のはしばしで見分ける。それにあてはめて演技するわけだ。だから本当の処女より処女らしい。

野坂がその処女屋で遭遇した女に、十年後にその街でばったり会ったら、全然変わっていなくて驚いた、という話が書いてある。そんな明らかな嘘を信じてまで、処女とセックスしたいという男がいたということだ。もしかすると野坂の世代に多いのかもしれない。

ただし、事実誤認は困るので、たとえば処女はセックスで必ず出血する、と信じている者が男女を問わずいるようで、出血しなかったら、スポーツなどのために以前に破れたのだ、などと思っていたりするけれど、別にあれは「膜」がびっしり覆っているわけではないのだし、スポーツ云々とは関係なしに、必ず出血するというようなものではない。

しかし逆に、前近代の日本人は処女なぞにまったくこだわらなかった、というのも疑わしい。昔の「処女」という言葉は、「家に処《い》る女」という程度の、未婚の女という意味であり、処女膜などというものは明治期に「発見」されたものだ、と主張する人がいる（川村邦光『セクシュアリティの近代』〔講談社選書メチエ〕、牟田和恵『戦略としての家族』〔新曜社〕など）。こういう説には全面的に反対するわけではないが、全面的に賛同もしかねる。処女膜が「発見」される前でも、女が最初にする時は痛い、ということはもちろん知られていたわけだから。

むろん、処女崇拝とか、結婚相手は処女でなければならない、などと言うようになったのは近代以後のことだが、そういう話は階層別に考えなければいけないので、武家の娘が未婚のときに男と関係を持ったら、やはりまずかっただろう。あるいは近世においても、「**初物**」という言葉はある。ニッコクによれば①として「処女、または童貞をいう」とあり、用例として紀海音《きのかいおん》の浄瑠璃『八百屋お七』（一七三一年ころとニッコクにはあるが、一七一六年ごろか）から「本郷の花屋の柚松茸のつぼみもいづれ初もの」、歌舞伎の『十六夜清心《いざよいせいしん》』（安政六年＝一八五九）から「お柳殿は初物なれば、随分大事に」があげられている。十九世紀にはもっぱら女の処女貫通の際に使われるようになっている。同じ意味で「新鉢＝あらばち」という言葉もあるが、鳥居清長の絵を使って作られた寄せ集めの人情本『色競手管巻《いろくらべてくだのまき》』では、「彼光る君も朧月夜の初□□《あら》より」と伏せ字になっているのは「ぼぼ」かもしれないが、『源氏物語』の光源氏が、尚侍朧月夜《ないしのかみおぼろづきよ》の処女を奪ってしまった、と言っているわけだ。

†唇の処女性

「処女性」という言葉の用例として、面白いものがある。舟橋聖一の連作『ある女の遠景』の最初の短編（昭和三六年＝一九六二）の、ヒロインの維子《つなこ》が九歳のとき、泉中紋哉《いずみなかもんや》という政治家にいきなり接吻される場面だ。

> ……と言下に答えたとき、上から何か大きなものが覆いかぶさってくるような感じで、紋哉の顔が近付いて来、避ける間もなく、口が吸われていた。
> （中略）まだ、九つでは、接吻ということの意味を解するわけはない。（中略）然し、紋哉のそれは、接吻の意味も価値もまだ何ンにも知らぬ維子にとって、只事ではない感覚だった。そのくせ、それが非常にいやらしい、不快なものでもなかった。唇を吸われただけでなく、

舌の尖《さき》までが、男の口中へ巻きこまれた。それが、痛くも、辛くもなかった。むしろ、やわらかくて、甘かった。甘い露のしたたるところへ、引きこまれ、そして、離れようとしても、離れられない吸着力があった。このときの接吻が、実は二十いくつの今日になっても、維子はいまだに忘れられないのである。（講談社文庫版より）

そのあと、「維子が九つのとき、あんな風に膝の上へ抱き上げて、唇の処女性を奪った人だが、それが十七の今になっても、必ずしも悪い印象ばかりではなかった」と回想される。紋哉は藝者の愛人がいながら、維子の叔母である伊勢子を迷わせ、自殺させてしまう女たらしで、維子が二十になると彼女を口説きはじめ、「あなたの唇を最初に盗んだ花盗人は私だよ。一度盗まれたものなら、もう一度私に与えたっていいじゃないか」などと嫌らしいことを言う。そのくせ維子は、その後見合いした男に接吻されたとき、紋哉に比べてあまりに下手なので縁談を断ってしまい、元藝者の妻がいる紋哉の愛人になってしまうのである。

†「初店」と「突出し」、「水揚げ」と「破瓜」

ところで、樋口一葉の『たけくらべ』の最後に、ヒロインの美登利《みどり》の様子が変わるのが、従来、初潮が来たからだとする説が定説だったのを、作家の佐多稲子が、そうではなくて「**初店**《はつみせ》」つまり娼婦として初めて客を取ることになったからではないか、という説を出したとして小さな論争になったのは十六年前のことだが、佐多が書いているように、私も、かねてからこれは「客を取って娼婦になったのだな」と思って読んでいたので、むしろ通説のほうが意外だったし、佐多と同じ説を活字にした国文学者もそれ以前にいたのであって、だいたい佐多のエッセイを『朝日新聞』が取り上げたあたりから「佐多の新説」ということになってしまったのである（佐多「『たけくらべ』解釈へのひとつの疑問」、蒲生芳郎「美登利の変貌――佐多稲子さんの『たけくらべ』解釈をめぐって」は、『群像　日本の作家3　樋口一葉』〔小学館〕に再録。佐多に反論した前田愛「美登利のために――『たけくらべ』佐多説を読んで」は、『前田愛著作集　第三巻』〔筑摩書房〕に収録）。

だから、それはどうでもいい。それより、この「初店」である。最近、「**水揚げ**」とはどういうものだったのか、と岸田秀氏から訊かれて、ちょっと調べてみた（岸田氏の対談集『ものぐさ性愛論』青土社、二二四頁）。水揚げとはつまり娼婦が初めて客を取るときのことである。しかしもう一つ、「**突出し**」という言葉もある。今では相撲の決まり手と飲み屋の前菜のことになっているが、吉原では、五歳から八歳くらいの少女を（幼女というべきか）引き取り、禿《かむろ》として育て、十三、四で「新造出し《しんぞう》」として客を取らせるか、十四、五で売られてきて客を取らせるかのいずれかだった。後者を「突出し」と言ったが、新造出しでも客を初めて取るのは「新造突出し」といった。

徳川期の川柳に、こういうのがある。

突出しはいけにへの気でかしこまり（こはい事かな〳〵）　（『萬句合』安永八年、松14）

「こはい事かな」は、前句付けで、始めにこの題を出して前を付けるのである。だいたい、意味はわかるだろう。ほかに、

水揚げはおれだに禿聞き飽きし（迷惑な事）　（同、明和二年、義6）

というのもある。これを見ると、「突出し」も「水揚げ」も同じに見えるが、山本成之助の『川柳性風俗事典』には、「『水揚げ』は破瓜の遊里詞」という注釈がある。しかし専門家によると、遊里詞になったのは明治以後ではないか、という。さて、この「**破瓜**」は、一般には処女喪失という意味で知られているが、どうももともとは、女子の十六歳、という意味が主流だったようだ（瓜の字を二つに割ると二つの「八」になるから）。この「破瓜」については後で述べる。「突出し」が初めて客を取ること（初見世）、「水揚げ」が破瓜、だとすると、どう違うのか。たとえば人妻が遊里に売られてきても、初めて客をとるときは「突出し」であるらしいから、これ

は違うに決まっている。同じ山本の『川柳明治世相史』には、明治一一年の『団々《まるまる》珍聞』から、

水揚げをされて蕾みは突出され

という句が紹介されている。ここでは、「水揚げ」は娼婦のDefloration（処女喪失）、と説明してある。とすると、こう考えられる。客を取る前に、遣り手婆が、娼婦に簡単な「貫通」を、おそらく張形を使って行っておく、あるいは誰か楼内の男が、貫通をしておく、ということだ。

†「初めて割って貰った人」は死ぬまで忘れないか？

十九世紀前半、つまり近世後期の春本《しゅんぽん》で「三源氏」と呼ばれるものがある。『源氏物語』のパロディー春本だが、実際には柳亭種彦《りゅうていたねひこ》のベストセラー『偐紫《にせむらさき》田舎源氏』に倣ったもので、『艶《えん》紫娯《しご》集余情《しゅうよじょう》』『吾妻源氏』『正寫《しょううつし》相生源氏《あいおいげんじ》』の三つである。このうち最後のものは、歌川国貞の挿絵が高く評価されている。これに、「水揚げ」の場面が描かれている。

時代は室町時代に設定されており、母ひとり娘ひとりの暮らしの娘の十四歳の音勢《おとせ》が、室町将軍・吉光から声が掛かって側室にあがることになる。吉光が光源氏に擬されているわけだ。その準備のさなか、この地の金持ちでふだんから音勢がおじさんと呼んで親しんでいる弓削《ゆげ》道足《みちたる》なる

男がやってくる。室町将軍から呼ばれたと聞いた道足は「室町さまは誠に美男《いゝをとこ》でそして女をば滅法可愛がらッしやるといふ噂だ。お前《めへ》は僥倖《しあはせ》だ。此様《こん》なあどけねへのはまた一倍。可愛がつて嘗たり乾かしたりさつしやるだらう」などと言う。

母の浅香は、この子は、初花（初潮）も来て「体も汚れました」が、「一向な孩児《ねゝ》さんで困りますョ」と言い、室町さまの陽物は大きいというから怪我でもしたらと心配だ、と言う（猥褻な話だが、春本だから仕方がない）。

そこで、巨根だという伝説のある奈良朝の弓削道鏡の子孫なのでやはり巨根だという道足が、こう言う。

しかし浅香さん。娼妓坊《ぢようろうや》なんぞを見るのに、体が大きけりゃァ。十三でも十四でも。モウ店へ出して客をとらせるが。左様いふのは其処の宅《うち》へ出入の人か。または他の娼妓《ぢようろう》へ久く馴染で来る客人が、いづれ四十以上の人に梳攏《みづあげ》をして貰ッて。夫から出しやす。

むずかしい漢字が使われているが、ここに「水揚げ」という言葉が出てくる。浅香は、なぜ四十以上の人なのか、と訊くと、若い者と違って勃起してもやわらかで、しかも慣れているから「雛妓《しんぞ》」を傷めるようなことはしないからだ、と言う。そこで当の道足が自ら水揚げをすることになるのだが、ここで道足が浅香に、お前も「何歳《いくつ》のとき。何様人《どんな》に割《わら》れたか」と訊き、忘れたよ、と言われて、「イヤ〳〵そりやァ嘘だ、初めて割て貰ッた人は死《しぬ》まで決して忘れるものぢやァねへとョ」と言っているのが興味深い。今でも多くの男は、女は最初の男が忘れられないものだ、と思っていて、女のほうでは、そんなことはない、と言うことが多いからである。

なおここでは「割る」という言葉が使われているが、割られるのは「新鉢《あらばち》」である。もっとも「しんぞ」とあるのは、やはり初めて客をとる娼妓のことだが、「新造」は元来船のことで、「船を割る」という表現もある。「河口《かわぐち》で船を割る」といえば、ものごとがほぼうまく行きかかったところで失敗してしまうということの比喩である。「水揚げ」も、船舶業者用語だとする説があるし、遊里詞に船の用語が多いのは、古代の遊女発祥の地として名高い江口・神崎が淀川べり、あるいは近世の大坂遊里も多く港に出入りする客が主だったからだろう。

†「初物食」と「初紅葉」

ここまで『相生源氏』は、林美一《よしかず》とリチャード・レインによる『定本・浮世絵春画名品集成』第十九巻（河出書房新社）から引いたので、この先に興味のある向きはそちらを参照してもらいたい。

さて、血が出ようが出まいが、初めて陰部に大きなものを差し入れられれば、女は痛がる。この先でも描写されているように、体が上へせりだすから、男は肩を押さえつけなければならない。「初店」とか「水揚げ」とか聞くと、現代のイヤラシイ男たちは、そうして痛がるのを眼前に眺めて楽しんだのだろう、と想像するだろうが、これを見ればそうではないらしい。もしそうなら、吉光公は、せっかくの楽しみを奪われたというので怒ることになるだろう。初店の前に「貫通」しておくとは、何ともったいない、とこの種のイヤラシイ男は思うかもしれないが、陰部をある程度緩くしておくことと、男のものを挿入されて初めて抱かれることとは別物なのであり、たとえ「水揚げ」が済んでいても、男は「初店」を楽しみえた、ということである。

もっともニッコクには「**初物食**《はつものぐい》」という言葉が立項されていて、第一の意味は食べ物のことだが、第二の意味として「新しい人とならば誰とでも交際する人。また、処女ばかりをねらう好色家」とある。ちょっと前のほうは意味がわかりにくいが、用例としては昭和七年（一九三二）の『最新百科社会語辞典』の「はつものくい〔隠〕新しく珍しい人なら誰とでも交際する人の事」があがっているだけだ。「処女ばかり」のほうは用例がないわけだが、おそらく近代の語だろう。

ところでニッコクではその次に「初紅葉《はつもみじ》」というのが立項されている。これまた第一の意味は、秋の最初の紅葉、第二の意味は色名だが、第三の意味として「秋」に「飽き」を掛けて、「遊女のてくだの一つ。自分に飽きてきた遊客を、再びもとのように自分に夢中にさせる手法」とあり、元禄二年（一六八九）の浮世草子『新吉原常々草』（西鶴か）から「此外に近年初紅葉といふひでん［秘伝］有」があがっている。ただし詳しい説明はない（『定本　西鶴全集』第六巻）。さらに第四の意味として「初潮のこと」とあり、元文三年（一七三八）の雑俳『炬燵びらき』から「月水とはまだ白川の初紅葉」があげられている。手管初紅葉のやり方は、幸田露伴『艶魔伝』に詳しく書いてあって、ここで紹介すると長くなるから現物を見ていただきたい（『新日本古典文学大系明治篇　幸田露伴集』岩波書店に入っている）。

†「処女膜を破る」と「初セックス」は違う

「初店」の客となるためには、格式の高い店では、そのために客は大枚をはたいて準備をしなければならない。それも「見栄」のうちだが、とはいえ、初めてのセックスで痛がる女を客は見たいわけではないらしいのだ。現代人は、「初めて男に挿入される」ことと、「初めて女としてセックスする」ことを同じだと考えているけれど、女郎においてはそうではなかった。男が「水揚げはおれだ」と言って楽しみにしたとすれば、初めて「客になる」ことを楽しみにしたのであって、痛がる女を見たかったのではない。ただ、張形を使っての貫通というのがあったかどうかは、疑問である。ただし明治期以後の遊廓はそういうこともあったらしい。

むろん、以上はあくまで遊里の話だから、普通の女の多くは、武家や富豪の娘なら新婚初夜に、下層町人や農民の娘なら結婚前に、「初めて男と抱き合う時」に「破瓜」を迎えたであろう。

「処女崇拝」とかいうものがあったかなかったか、という議論の前に、この点を押さえておくべきではあるまいか。「処女膜（とやら）を破ること」と、「初めてエロティックな行為としてのセックスをする女の恥じらいに出会う喜び」とは、別物なのである。もっとも、『春情花の朧夜』には、男が女に向かって「夫《それ》ぢやア自己《おれ》ハお前だと思つて、お伊木《いき》の初心を空気で割てしまつたのか」というせりふがある。つまり人違いをしたままで処女を破ったのか、という意味である。このあと女の「何が伊木がはじめてなものかネ」と返事があるのだが、「空気」はたぶん「そらき」と読むのだろうが、相手を認識しないで処女を破ったのが、相手に申し訳ない、という気持ちだろう。その程度の「処女意識」というのはあったわけである。

†「破瓜」は「女子十六歳」のこと

さて、この「破瓜」という言葉だが、実はこの言葉は、昭和三〇年ごろまでの辞書では、「瓜という字を二つに割ると八が二つになるので、八二、十六で、女子十六歳の称」という説明がされているのが普通だった（たとえば一九三九年の『新字鑑』には、処女貫通の意味は載っていない）。じじつ、「破瓜期」という言葉は、その年齢を指す言葉であって、処女貫通とは関係がない。もう一つの意味は、八八、六十四で、男子六十四歳の称、というものだ。しかし現代の辞書を見ると、だいたい「女子十六歳」の後に、女子が初めて男に逢うこと、という意味が書いてある。つまり、処女貫通である。ニッコクを見ても、この意味は載っているが、残念ながら用例がない。諸橋轍次《もろはしてつじ》の浩瀚な『大漢和辞典』で「破瓜」を調べても、処女貫通の意味は載っていない。近代日本最初の国語辞典である大槻文彦の『言海』にも載っていない。だが、大槻の死後成った昭和七年の、これの増補版である『大言海』に、この意味が登場している。昭和一一年刊行の平凡社『大辞典』にもこの意味が出ているが、おそらく大槻の草稿に書かれていたのだと思われる。ところが『大言海』には、他の辞書には載っていない、ふしぎな言葉が出てくるのだ。その「破瓜」の項には、女子十六歳、男子六十四歳という意味のうち、前者のあとに、

「ミヅアゲ。上頭。うりたつ（破瓜）ヲモ見ヨ」

と書いてある。「**上頭**」は、「じょうとう」と読む漢語で、これは明らかに水揚げ、つまり処女貫通の意味であることはわかる。『守貞謾稿』巻之二十二にこれを「みづあげと訓ず」として、娼妓が初めて男と寝ること、とあり、「娼妓のみにあらず。衆女始めて男に交はるを、俗言にあらばちわると云ふなり」と書いてある。

が、「**うりたつ**」とは何か。『大言海』で「うりたつ」の項を見ると、「破瓜」とあり、〔漢語、破瓜ノ文字讀ト云フ〕とあり、「少女、初メテ、男ニ遇フ」と説明してある。しかるに、この「うりたつ」という大和言葉らしきものは、ほかの古語辞典、小さいものはもちろん、大きな『角川古語大辞典』にさえ載っていないのである。では、大槻は何を根拠にしたのか。用例は二

つあげられている。一つは、催馬楽《さいばら》、山城にあげられたものだ。

†「うりたつ」はどこから来た言葉か？

催馬楽は、民間俚謡であったものが、雅楽歌謡の一つになったもので、平安期、貴族の宴遊などに歌われたもので、『催馬楽』というテクストとして纏められている。そして、この「うりたつ」を「破瓜」の意に解したのは、徳川後期の国学者・橘守部《たちばなもりべ》の『催馬楽入文《さいばらいりあや》』らしい。まず、問題の催馬楽「山城」本文を掲げてみよう。

山城の　狛のわたりの　瓜つくり　なよや　らいしなや　さいしなや　瓜つくり　瓜つくり　はれ
瓜つくり　我を欲しと言ふ　いかにせむ　なよや　らいしなや　さいしなや　いかにせむ　いかにせむ　はれ
いかにせむ　なりやしなまし　瓜たつまでにや　らいしなや　さいしなや　瓜たつま　瓜たつまでに

（『日本古典文学全集』による。原文は万葉仮名）

「なよや　らいしなや」のような囃子詞を除けば、

「山城の狛のわたりの瓜つくり我を欲しと言ふ瓜たつまでに」

という短歌形式になる、と「全集」解説（臼田甚五郎）にある。「瓜たつ」について臼田は、「瓜が熟することか」としつつ、守部の注解を紹介している。では守部の解を見てみよう（引用は『橘守部全集　第七巻』より）。

守部は、それまでの注釈書、『催馬楽抄』『催馬楽考』がいずれも、瓜が成熟する、を、娘が成熟する、の意に掛けたものだとする穏当な解釈をしているのを退け、

今按（ずる）に、うりたつとは、漢國にて女の始て男に遇（う）を破瓜と云（う）。其ノ語弘《ひろま》りて、此にも古く詩文詞にとり用ひけんを、破レ瓜とはいひなせる也

としている。その根拠として守部は、シナの楊文公詩と『輟耕録《てっこうろく》』、日本の『拾遺和歌集』の三つをあげているが、うち『輟耕録』以外は、女子の成人、という意味以上のものを読み取ることができない。つまり『輟耕録』だけが根拠だと言うほかないのだ。その文は、『輟耕録』十四の、

「今世女之笄《こうがい》スル。上頭ト曰フ。而シテ倡家（の）処女。初（めて）寝《しん》ヲ人ニ薦ムルコトヲ得（るを）破瓜ト曰（う）」

というものだ。

『輟耕録』は、明《みん》の陶宗儀の著で、元《げん》代の法令・制度・書画・文藝を校訂したものである。「倡」はほんらい俳優を指す字だが、ここで倡家とあるのは、娼家と同じである。そして『大言海』も、この守部の典拠、『輟耕録』を、「破瓜」の項にあげている。『江戸語の辞典』で「水揚」を見ると、「遊里語。禿が新造となり初めて客に処女を与えること。主として上方でいう」とあり、用例として享保一五年（一七三〇）の洒落本『史林残花』（遊戯堂主人）から、「妓《おんな》初めて寝《しん》を薦むるを水上と曰ふ、輟耕録に所謂上頭之類也」が引かれている（原文漢文）。ここでも『輟耕録』である。

†「瓜の熟する」は少女の成熟のこと？

また守部は、瓜の熟するのを少女の成熟するのにたとえた『拾遺和歌集』の歌を解説して、

此外《このほか》瓜をよめる歌の中に此意なる多かり。然るに昔より、此破瓜の事に心づける人なき故に、皆なほざりに見過して、よく其意を得たる釋たえてなし。（中略）男云、見そめておきしかのわらはを、いかにしてかは手にいれん。今は破瓜《ミヅアゲ》するばかりにはなりやしぬらしといふなり。凡そかゝる淫事をうたふ、昔も今もちまたの歌のならひなりかし

と、この項を結んでいる。つまり、この歌以外にも、瓜を詠み込んだ歌には、少女の成熟という意味を持っているものが多い、けれど昔からそのことに気づく人が少なかったので、ちゃんと注釈した人がいない。男が、見初めた少女を何とかして手に入れたい、もう破瓜すべき年齢になっている、というのだが、こういう淫らなことを歌うのは、今も昔も庶民の歌にはよくあることだ、というのである。

しかし『輟耕録』が言っているのは娼婦の水揚げのことでしかないし、処女一般の貫通を言うものではなく、いわんや破瓜の訓みとして「うりたつ」という成語があったとは考えにくく、だから他の古語辞典は「破瓜」の訓としての「うりたつ」を採用していないのだろうが、「破瓜」という言葉が「処女貫通」の意味を持っていたのは確かである。かなり大胆に「淫語」の採用に踏み切った『大言海』でさえあげていない、紛うかたなき「破瓜」の用例が、天保五年(一八三四)刊行の『色道禁秘抄《しきどうきんぴしよう》』(西村定雅)に出てくるからである。この淫書には、処女鑑定法のようなものすら記載されていて、「少女破瓜すれば」云々という記述があるし、「処女膜」という言葉も出てくる。最近の刊本としては、福田和彦編『浮世絵グラフィック2、3』(KKベストセラーズ)があるが、すでに絶版なのが残念である。

近年の、前近代の日本人には処女という意識はなかったという説に、私は『〈男の恋〉の文学史』で、『とりかへばや物語』の記述例などをあげて疑問を呈しておいたが、その後、赤川学『セクシュアリティの歴史社会学』（勁草書房）にもより詳細な記述が現れたので、事実上「前近代の日本人には処女という意識はなかった」とか、処女膜という言葉は明治期に作られた、とかいう「新説」は突き崩されたと見ていいだろう。

†「処女膜」について

ところでこの「**処女膜**」という語について、ニッコクには『扶氏経験遺訓』（天保一三年＝一八四二）から「宜く外科術を行て処女膜を截開すべし」という用例があがっており、「語誌」として、「『解体新書』（一七七四）には『処女は、膜必ず陰器の内にあり』との説明が見える。『重訂解体新書』（一七九八成、一八二六刊）では『嬢膜』が造語されたが、一般には用いられなかった。その後、挙例の『扶氏経験遺訓』で『処女膜』と訳され、幕末・明治初期の英学書に継承される」とある。『扶氏経験遺訓』は、ドイツの医師ヴィルヘルム・フーフェランドの医学書を、大坂適塾の緒方洪庵がオランダ語から重訳した大著で、完成は安政四年（一八五七）とされており、ニッコクが一八四二年としている理由は不明だが、いずれにしても、『色道禁秘抄』のほうが先である。

そもそも『解体新書』に「処女は、膜……」とあるからには、誰かが「処女膜」と書いてもおかしくない状態だったわけだが、ニッコクは淫書など入れない方針なのかもしれない。しかし『色道禁秘抄』の記述も、すでに蘭学を経由した西洋医学の知識から来たものと言えるから、「新説」のほうも完全に間違っているというわけではない。しかし、橘守部に明らかに処女に関する意識があったのも確かだ。『色道禁秘抄』については、秋田昌美『女陰考』（桜桃書房、一九九九）にも触れられていて、同書には詳しい処女考がある。

†童貞は半人前か？

では、「**童貞**」はどうだろうか。現代日本で「童貞」というと、なにやら滑稽な雰囲気が漂ってしまう。だいたいその上に「恥ずかしながらまだ……」とか「いい歳をして……」といった枕詞がつく。「素人童貞」つまり売春婦以外とはセックスしたことがない、という意味の言葉もあるが、だいたいこの言葉は今では『週刊プレイボーイ』のような十代後半の男子向け雑誌で「童貞クン」などと揶揄的に使われるかマンガに出てくるくらいで、新聞等ではあまりお目にかからない。ただし私が「童貞の苦しみと抑圧」について書いたころからそういう記事も多くなったようで、『読売新聞』二〇〇二年一月一二日版には「『童貞は半人前』の抑圧」などという記事もあった（私もコメントしているのだが、掲載紙を送ってきていない）。

けれど、昔は、そうではなかった。菊池寛の長篇通俗小説『受難華《じゅなんげ》』（昭和元年＝一九二六）には、新婚の夫が妻に、自分は童貞ではない、と告白する場面がある。

「照子さん、僕は童貞ではないのですよ。」
照子は、胸に釘を打たれるやうな衝動《シヨツク》を受けた。
「どうも、外交官として長くあつちに行つてゐると止むを得ないことです。向うにゐると女友達《アミイ》を持つことは、誰もやることですからねと云つて僕はそのために、自分が犯した罪を免れようと云ふ気は、ちつともないのです。だから、男らしく白状して、あなたのおゆるしを求めるのです。」

（『菊池寛全集』より）

もっとも、照子がショックを受けたのは、夫が童貞ではないと知ったからではなくて、自分が処女ではなかったからなのだが、現代日本人なら、いや、明治期の日本人だって、こんなことを「告白」することと自体を奇妙に感じるだろう。大正から昭和初期にかけて、わずかな期間、男の貞操も大切だという考えが、知識階級の間にはあったのである。

†「童貞をあげる」

川端康成の『掌の小説』の一編「月」は、大正末から昭和初年のものだと思われるが、こう始まる。

童貞——どうもこいつがいけない厄介物なんだ。惜しくはない荷物なんだが、そして薄暗い裏路や橋の上を歩いている時に塵箱か大川に捨ててしまえばなんでもなかったんだが、こう花やかな電燈の敷石道に出てしまったんでは、どうも捨場が見つかりにくいではないか。それに、女があの荷物には何がはいっているんだろうと珍しそうに眺めたりすると、ちょっと顔が赤くなるではないか。（新潮文庫版より）

その後、いろんな女と、童貞を「捨てる」機会があったけれど、そんなときは「私は生活を一つにしようと思う女の方からでなければ感情をいただかないことにしています」と言ったりする、とあり、最後は満月に向かって「ああ！　月よ！　お前にこの感情をあげよう」と叫んで終わる。三島由紀夫は『不道徳教育講座』で、「川端康成氏の小説に、童貞を重荷に感ずる少年が、月に向かって、『僕の童貞をあげよう』と叫ぶ美しい場面があるが、こんな厄介なそして持ち重りのする荷物は、一刻も早く捨てるに越したことはないのです」と書いている。この主人公は二十五を過ぎて、と言っているから「少年」ではないし、「童貞をあげよう」とは言っていない。そしてよく読むと、前では「感情をもらわない」と言い、後では「感情をあげる」と言っているのだから、果してここで「童貞」と言われているのが肉体的なそれであるのかどうか、疑わしい。むしろこの掌編は川端の、感情のやり取りを行うような女はもはや見つからない、という諦念を表しているように思える。

ところで私は『もてない男』（ちくま新書）で、『童貞』というタイトルの小説は、富士正晴のものと酒見賢一のものと、二つある、と書いたが、もう一つあった。吉屋信子の長編（昭和二四年＝一九四九）である。富士や酒見のものは内容とあまり関係がなかったが、これはそれなりに関係があるので、少し詳しく紹介しよう。

†童貞を守ることの意味

これは現代小説で、地方の造り酒屋の跡取り息子である司《つかさ》潤吉が、あまり世間知らずなので父が心配して、東京にいる従兄で元海軍少佐の牧野嗣雄宅に預ける。潤吉は二十二歳だが童貞、嗣雄は三十歳で、藤という妻がある。

藤は「美青年といふより美少年」の潤吉を可愛く思い、潤吉のほうでは熱烈に藤に恋してしまうという話で、いくぶん構想が尾崎紅葉の『多情多恨』を思わせるが、あんな名作ではない。藤は潤吉の二つ年上だが、「汚れ一点にも染まぬ初々しい童貞ぶりを眼のあたり見て、なにかしいんとする思ひ」にうたれる。嗣雄は、敗戦のために職も誇りも失って生活が荒れており、この潤吉を「男」にしてやろうというので、ダンスホールへ連れていったりする。嗣雄は、藤を前にして、潤吉にこんなことを言う。

「……会社でもタイピストたちや女事務員のなかで、君の人気は凄いもんだぞ——彼女ら曰く、素敵だわね、純真坊ちゃんだわねえ——そして、あの方きつとまだ童貞よ！　と——どうだい潤公、はたして童貞か？　白状しろ」

嗣雄は笑ふ。

「なに仰しやるのよ、貴方」

藤はほのかに赤くなつて……夫のえげつなさをたしなめた。

潤吉が婉曲な表現ながら、そうだと言うので、嗣雄は妻に「司潤吉の童貞を失はせる会」をやる、と言う。

（東和社版より）

「え！‼」

藤は呆気に取られた……男同志の無軌道な悪戯のあまりに恥知らずのえげつなさ——男同志の仲とはいつたいそんなことが平気で……聞かされた藤の方があかくなる思ひだつた。

つまり娼婦買いに連れていくというのだ。嗣雄は「なにも、たいしたことぢやないよ、どうせ遅かれ早かれ奴さんも女の洗礼を受けざァなるまい」と笑い、「さういふ良人の態度に藤はがつかりした。(男)とはみなそういふものなのかしら? (中略)そして、あはれ潤吉の無垢な童貞も今宵無残に汚されるとは……汚されるなど考へるのがそもそもをかしいのかも知れぬが……なにを好んで、みんなで寄つてたかつて、そうした悪趣味きはまる卑しい悪戯をたくらむのであらうか——藤はかなしく歎いた。(中略)潤吉は彼にとつて(月から来た男)のように世にも清らかな若者だつた。それがあえなくもいま地に堕ちて、たゞの(男)になつてしまふのだつた」。

だが潤吉はこの「悪戯」から逃れて帰ってき、それを知った藤はほっとする。潤吉は思う。

あのようなところで、かりそめごとに人生の遊びの出来る男たちが不思議だつた。(恋)もなく(愛)にも燃えず女を弄べる男の心理が潤吉には不可解だつた。

自分は(童貞)だ、それを自分はなんのために保つのか? 潤吉には今日の出来事ではつきりわかつた気がした。

それは——自分がやがてこの世でいつの日にか巡り会ふ、自分にとつてたゞ一人の女性のためにだ!

けれどこのとき潤吉はすでに、「おほそれたよこしまの恋心」を「人妻」である藤に対して抱いていたのだ。そしてダンスホールで藤に似たダンサーに出会い、これとしばしば踊るようになり、潤吉と藤の関係についてあらぬことを嗣雄に告げる者もあって、経済的に窮迫して切羽詰まっていた嗣雄が潤吉を誘い出すと、藤を恋している、と潤吉は告白し、嗣雄はそれを藤に告げる。のっぴきならなくなった潤吉は、藤と結婚する決意をして彼女に迫るのだが、藤は諄々《じゅんじゅん》とこれを諭し、いま傷ついている夫を自分は支えなければならない、と言う。「潤吉さんわかつて下さる、女といふものはこんなに良人を世界で一番大切に思ふものなのよ」と。潤吉は素直に折れ、郷里へ帰っていくのであった。

「であった」などと纏めたくなってしまう、まことに健全で優等生的な展開であり、「文学」らしい「毒」がないと評する者もいるだろう。その通りではあるのだが、昭和戦前から女性読者の圧倒的な支持をえてきた吉屋信子の作であることを思うと、恋愛思想史的に興味深い。そして、処女を求める男がいるように、童貞を求める女というのもいるらしい。といっても「童貞狩り」などというタイトルのアダルトヴィデオの話ではない。森鷗外の『青年』の主人公・小泉純一を誘惑する夫人も、このクチだったのだろう。

第七節 情事の終わり、人妻との恋

†「情事」という言葉の系譜

グレアム・グリーンの代表作の一つ『情事の終り』が最近映画化され、『ことの終わり』という邦題で公開されたが（ニール・ジョーダン監督）、原題は原作通りの The End of the Affair である。ところで新潮文庫版の田中西二郎訳『情事の終り』の訳者によるあとがきには、面白いことが書いてある。田中の訳は原作が刊行された一九五一年の翌年、『愛の終り』の題で出版され、その後文庫版になったが、さらに訳し直して、題名も『情事の終り』と改めて改訂版を出した、というのだ。

さらに、本文中では affair は**情事**と訳されているし、まもなく公開されたエドワード・ドミトリーク監督の映画（一九五四）の邦題も『情事の終わり』だった。それをわざわざ『愛の終り』としたのは変なようだが、「情事」という言葉が日本のマスコミで愛用されるようになったのはその映画以後のことであって、一九五二年ころまで、「普通に今日〝情事〟と呼ばれている男女間の出来事を人々は〝恋愛〟と呼んでいたのである」とある。実際、『愛の終り』となっている旧版の「解説」は、この「あとがき」とほぼ同文ながら、ここのところが当然ながら少し違っている。

とはいえ、「情事」という言葉がそれ以前になかったわけではない。ニッコクの用例には、坪内逍遥の『小説神髄』(明治一八年＝一八八五)と、夏目漱石の『硝子戸の中《うち》』(大正四年＝一九一五)からあげられているが、「情」という漢字そのものに恋という意味があり、漢語では色事を描いた小説は「情史」と呼ばれていた。そこで、明治十年代の西洋からの翻訳小説が恋愛を扱っている場合、「春話」あるいは「情話」の語がしばしば邦訳題に用いられたのである。

前者は徳川期の為永派人情本の「春」の用法を踏襲したものだが、後者は明治一三年に逍遥自身が変名で刊行したウォルター・スコットの『ラマムーアの花嫁』の題に『春風情話』を使ったあと、角《つの》書きに「仏国情話」とか「欧州情話」などを用いるものが相次いだ。そこで「情事」が出てきたのだろう。けれど、「恋愛」という語が登場すると、おそらく東洋的な匂いを遠ざけようとして、この語が「情事」を駆逐していったのだと思われる。「情」の字がその意味で残ったのはもっぱら「情死」という語だった。

ところで「恋愛」はloveの訳語だと言われるが、この新語には、感情と行動と両方の意味がいつしか含まれていたのである。徳川期であれば、感情はもっぱら「恋」と呼ばれ、行動、つまり男女の継続的な関係は、「**色事**」と言われたのである。そして英語では、感情はもっぱらloveで、行動はaffairあるいはlove affairだったのだ。たとえば「彼女はいくつもの恋愛を経験して」というのを普通に英訳するなら、loveではなくaffairである。このように「恋愛」の語が感情と行動の両方を包摂する語になってしまい、しかもそれがloveの訳語として理解されたために、そもそも行動を表す語だった「色事」の系譜を引く「情事」がaffairの訳語とされてしまったのである。

†「情事」＝「セックス」?

しかしことはそう簡単ではなく、田中によれば、「始めと終りとのあるものがaffairであって」グリーンはこの言葉を使うことによってあえてシニカルな味わいを出そうとした、という。そして『愛の終り』の解説で田中はその邦訳題について「愛の終り」ではその味わいが消えるが、かといって情事と訳するのも抵抗を感じたと言い、「訳者の語意識の保守主義が然らしめたものであろう」と結んでいるのだが、『情事の終り』あとがきではここを、「保守主義が然らしめたものであろうが、もはや今日ではそんな遠慮は不要になったようである」と変えている。

前者は昭和三四年（一九五九）の文庫版のあとがきの文、『情事の終り』の題で刊行されたのが昭和四〇年（一九六五）である。そして小田島雄志が『リア王』の新訳で「情事という事情でな」という洒落を使ったのが、昭和四九年（一九七四）のことである。だがその後、「不倫」という言葉が新しい意味を持つことによって、「情事」もまた、古めかしい言葉になってしまったのである。

また『青春の蹉跌』だが、ここでは「情事」が、セックスという意味で使われている。「しかし賢一郎は溺れなかった。その後幾度か二人の情事は重ねて来たが、心の愛情と愛の行為とをはっきり区別していた。（中略）登美子は女の直観で、男の心をつかんでいない自分の不安定さを知っていた。だから必死になって彼を求め、会うたびに情事を重ねることを望んでいた」といった具合である。さきに述べたとおり、セックスという語が定着するのは七〇年代で、この作品は昭和四三年（一九六八）に『毎日新聞』に連載されている。

ところで、昭和三四年（一九五九）に、北見洋子という名前の著者による『ちょっと愛して』という本が、光書房というところから刊行されている。どうやら当時、「性の手記」がブームだったようだが、これは著者が現役の医大生で、好奇心から何人もの男と関係を持ったことを書いたものだ。破格なのは、口絵と帯に著者のヌード写真が掲載されていることで、そのせいかちょっとマスコミの話題にもなったようだが、その後この著者がどうなったのかは、わからない。そしてこの本でも、セックスのことは「情事」と呼ばれている。この使い方は、いくぶん、パンダが交尾を行ったことを「結婚」と表現していた新聞記事を思わせる。だが最近でも、野沢尚のシナリオ『水曜日の情事』(新潮社)は、二〇〇一年に放送されたドラマのものだが、ト書きに「情事が終わった。シーツをまとって余韻に浸っている操をベッドに残し……」といった表現があり、「愛人とのセックス」という外延の大きな語として使われているのが見出せる。

†「不倫」の登場

『男は世界を救えるか』(筑摩書房)という対談本で、井上章一は倫理学者の森岡正博に、「人の道にもとることとすべてをさしてもいいはずの不倫という言葉が、なぜ、既婚者の浮気だけをさすんでしょうか」と問うている。後になって森岡は、「わかりました! 男の密通を浮気と呼び、女の密通を不倫と呼ぶことによって、男の密通にも『本気』の密通があるということが隠蔽されるのです」と言っている。しかし残念ながら、単なる思いつきである。近世であれば「不義はお家の御法度」であり、前田勇『江戸語の辞典』(講談社学術文庫)で「不義」を見ると、「男女の私通。密通。姦通」とあって、お夏清十郎などに見られるように、良家の娘が雇い人と通じれば不義だし、武家に勤める独身者同士が通じても不義である。

同じ辞書で「**浮気**」を引くとこちらは陽気で、①は気持ちが上っ調子、云々、②が、「心が変わりやすいこと。移り気。特に、異性に対して情を動かしやすいこと。水性。性悪。多情」とあって、「水性」は女の性質とされているから、元来「浮気」は女用の形容であった。明《みん》代の『金瓶梅』には「水性是女流」という言い回しが出てきて、常套的な表現らしいが、これを抄訳した村上知行はこの箇所に「おんなは・とかく・うわきもの」とルビを振っている（ちくま文庫）。シナ小説を下敷きにした読本《よみほん》を書いた日本の曲亭馬琴も「女はすべて水性にて」という表現を使っている。

ニッコクでは①として、「気まぐれに異性から異性へと心を移すこと。決まった妻や夫、婚約者などがいながら、他の異性と恋愛関係を持つこと。また、そのさま」とあり、用例として江島其碩《きせき》の浮世草子『世間手代気質』（享保一五年＝一七三〇）から「今時の女奉公人浮気がちにて、此者が男自慢の鼻になづみて」、『春情花の朧夜』から「お伊木が仕こなし往昔《むかし》にあらねば、水性《ウハキ》にあらぬ半七も竟《つゐ》ほろ酔の出来ごころか」があがっている。しかしこれでは前半の意味ではあっても後半の意味、つまり密通とか姦通とかいう意味ではない。そういう意味で使われるのは近代に入ってからなのだろうが、ニッコクには用例がない。

ところで「**不倫**」という言葉に関しては、氏家幹人《うじいえみきと》の『不義密通』（講談社選書メチエ）の第二章「性愛の現実」冒頭から詳細な考証がなされている。氏家によれば、不倫という語が人妻の姦通のような意味で使われるようになったのは一九八〇年代はじめらしく、たぶんテレビドラマ

『金曜日の妻たちへ』(TBS、脚本鎌田敏夫)の影響であって、それまでは「浮気」「よろめき」が使われていたという。だが氏家は、ちょっとしたミスを犯している。『広辞苑』第三版から「不倫の愛」という用例が載ったが、これが刊行された一九八三年こそ『金曜日の妻たちへ』の放送が始まった年であり、その当時「金妻」という言葉が不倫の代名詞のように使われるようになったと書いているのだ。

氏家はさすがにこの番組の影響で『広辞苑』の記述がなされたとは書いていないのだが、実は『金曜日の妻たちへ』は翌年パート2、八五年にパート3が放送されており、このパート3の主題歌がヒット曲となった小林明子の「恋におちて」であり、「金妻」が流行語になったのは八五年のことなのである。内容的にも、パート1は夫の浮気と離婚、といったもので、人妻の浮気という方向へ進むのは後になってからだ。しかし「不倫」という語は、週刊誌の見出しで調べると、たしかに八三年ころから次第に増えていく。

†「不倫」は古い言葉か？

八三年五月の『婦人公論』には、「いま、男と女の不倫感覚」という座談会が載っており、出席者は池田満寿夫、桑名将大《まさひろ》、冨士真奈美で、冒頭から冨士が、「どうしていま時分、不倫なんて時代がかった言葉がはやるのかしら。古いファッションがはやったでしょう、一九三〇年代とか、五〇年代のファッションが、ああいう感じかしら。もう死語でしょう」と発言している。つまりその当時、「古い言葉の復活」と見られていたということだ。その後もちょっと長めに引用しておこう。

池田 不倫という言葉が復活してくれれば、姦通罪が成り立つよね。姦通罪があった時代の言葉で、もともと倫理的な意味でしょう。

冨士 不義密通のことでしょう。

池田 不義というともっと古くなるね。江戸時代です。その次が不倫、不倫のあとは何て言うのかな。

冨士 少し前は婚外セックスでしたね。婚外でないと不倫とは言わない。

池田 そうだね。妻と不倫してます、というのはおかしいしね。(中略)だけど、ぼくらは古い世代だから、不倫という言葉を聞くとゾッとするんですよ。悪いことをコソコソやっているという暗いイメージね。(中略)ぼくは四年前、佐藤陽子とのことでマスコミに追っかけられたんだけど、一つだけ感心したのは、不倫という言葉が一行も出なかったことね。(中略)不倫の恋なんて言われるといやだなと思った。だけど、言われなかったですね。

全体の雰囲気としては、現代では配偶者以外の異性と恋愛したりセックスしたりするのはことさら咎められるべきことではない、なのに「不倫」という言葉が復活してきたのは、古い道徳が甦ってきたようだ、というトーンである。つまり、婚外恋愛・セックス自体が流行しはじめたのではなく、それを道徳的に責める言葉が復活した、ということだ。

『読売新聞』は、昭和二四年（一九四九）から、「人生案内」の欄を設けて今日に至っているが、戦前には「身の上相談」だった。大正時代のものは『大正時代の身の上相談』（ちくま文庫）としてその一部が纏められているが、戦後のものは、『日本人の人生案内』（読売新聞社婦人部編、平凡社）として一九八八年に刊行されている。この種の人生相談は、回答者があまり過激なことを言わないため、当時の平均的な意識を知るものとして重要な資料だが、夫や妻の浮気に関する相談も、当然ながら多数ある。

「不倫」という言葉が登場するのはやはり一九八〇年代だが、ごく新しいものとして、八七年に「パート先の男性に恋——四十歳主婦『不倫するつもりないが』」と見出しのつけられたものがある。見出し通りの内容だが、本文には「今はやりの不倫などへは進むべくもありませんが」とあって、回答者の評論家・三枝佐枝子《さえぐさ》は「あなたは自分が潔癖だから不倫にはならないと書いておられますが、相手次第ではそうなる危険性もあります」云々と言い、家庭を破壊してはならないと強調している。さきの『婦人公論』座談会とはだいぶ意識が違う。

この三枝は、大正九年（一九二〇）生まれ、日本女子大卒業後中央公論社に入社、昭和三三年（一九五八）に『婦人公論』の編集長となってその原型を作り上げたとされる人で、昭和四三年（一九六八）には編集局長となり、日本で最初に商業誌の女性編集長・編集局長となったひとである。だが同じ年に退社、商品科学研究所所長や西武百貨店監査役、婦人少年協会顧問などを勤めている。夫は企業重役になった人らしく、仕事と家庭を両立させた女性の先駆者として、職場の恋愛などで「やはり女を外に出してはだめだ」などと言わせてはならない、と思ったのだろう。それは十分理解できる。

その三枝が、「不倫」という言葉に対して不快感を表明したのが、この本には収録されていない、一九九一年二月二七日のこの欄でのことで、「社内不倫で辞職勧告——風紀上の責め、なぜ女性だけに」という見出しがついている。相談者は「三〇代後半のＯＬ」で、一度結婚したが今は一人で、

同じ職場の人と不倫をして、周りの人に知られました。彼とは別れましたが、気まずい気持ちで勤めていたところ、上司から職場の風紀上、会社をやめたらどうだ、と言われました。私は以前にもやはり職場の人と不倫をしたことがあります。

（中略）私だけがなぜやめさせられるのか、納得がいきません。彼も当然、やめさせられるべきだと思います。（中略）自分のしたことの身勝手さはよく分かっていますが、どうかよろしくお願いします。

これに三枝が答えたのだが、冒頭から「ご自分のなさった行為について、自ら『不倫』と二度も書いておられるその表現の仕方に、やりきれない思いがしました。／恐らく周囲から白い目で見られ、あなたは開き直った気持ちでおられるでしょうね」とし、不倫をしたから辞めなければならないということもないし、相手の男も辞めさせるべきだというのも正しい、と言いつつ、「いずれにしても、もう自分で自分のしたことを『不倫』と呼ぶような事実は、あなたの人生の記録からなくして下さることが第一だと思います。／苦しくても、胸を張って生きる生き方を選んで下さるよう、お願いしたいのです」と結ばれている。それまでにも、自分自身の「不倫」について相談してくる人はいたが、多くは「職場の上司と深い関係になってしまい」といった類の表現だったのである。三枝の言語感覚は、これまたよくわかる。しかしすでに九〇年代であり、フェミニストの回答者なら、相談者のために義憤を発してもおかしくないところだ。実は私は当時カナダで衛星版の『読売新聞』を読んでおり、この部分が強く印象に残っていたので、今回改めて捜し出してきたというわけである。

†「よろめき」「破倫」「乱倫」

さて、また少し遡ろう。人妻の恋を意味する「**よろめき**」は昭和三二年（一九五七）に三島由紀夫が書いてベストセラーになった通俗小説『美徳のよろめき』で流行語になって以来しばらく使われていた。「よろめくわよ」などというふざけた使われ方も、見たことがある。近世においては「不倫」は、筋が違う、程度の意味だったのに、明治三十年代にはすでに密通の意味で使われ始めていたことなど、氏家の本を参照してもらいたい。その考証で一番驚かされたのは、近世においても、既婚の男が幕府の許可を得た公娼以外の娼婦を買った場合に「姦通」と見なされて処罰された事例があげられていることで、この辺は歴史家・氏家の面目躍如の観がある。

ところが、「**破倫**」「**乱倫**」のような言葉は、元来その種の言葉だったらしい。氏家は、田山花袋や大塚楠緒《くすお》子《こ》の作品に「不倫の恋」という表現が見られる、と書いている。大塚のほうは、たぶん『空薫《そらだき》』（明治四一年＝一九〇八。後編は『そら炷《だき》』）の中の例だろう。輝一《きいち》と雛江という若い男女の会話に、中世イタリアのパオロとフランチェスカの不義の恋が出てきて、輝一が「不倫の恋です」と言う。面白いのでもう少し紹介すると、雛江は「恋は罪でせうか」と訊く。輝一は「僕には分かりません」と答えるのだが、雛江は食い下がる。

「私は、一生に一度も恋といふことを感じないで死ぬ人は、春咲く花の蔭に居ながら、上を見て、色をも香をも仰がずに済むと同様《おんなじ》でせう、」
「それは然うでせう、」
「今の話のフランチエスカのやうに、良人を忘れて他の男《ひと》を慕《おも》ふ、若しそれが切ない真実《まこと》の恋であつたら、可憐《かはい》さうぢやありませんか、恋は理性の命令通に従ふものではありません、」
「恋は恋でも、不倫は不倫です、」
「けれども、フランチエスカの身にしたらば、地獄へ落ちても、悲痛の中《うち》に満足があるのでせう、」

(『明治文学全集　明治女流文学集(一)』筑摩書房より)

「不倫」の用例としても興味深いが、楠緒子がこの小説を『東京朝日新聞』に連載したのは夏目漱石の推薦によるものであり、この十五年前、楠緒子が大塚保治と結婚した時、密かに楠緒子に恋していた漱石が失意のため都落ちして松山中学へ赴任したという噂があって、『空薫』連載の翌明治四二年、漱石が『朝日新聞』(東京と大阪)に初めての「不倫小説」である『それから』を連載、その最後にヒロイン三千代の死を暗示しているが、楠緒子はその翌年、三十六歳で急死する。漱石は

有る程の菊抛《な》げ入れよ棺の中

大塚楠緒子

という句を贈っている。二年後、漱石の『行人』にパオロとフランチェスカの話が出てくるのは、何ほどかは楠緒子を偲んでのことだったのではなかろうか。だいいち『空薫』自体が、漱石の『虞美人草』の影響を受けたものとされている。

†「乱倫」や「姦通」の使われ方

「不倫」の用例に戻ると、花袋の『妻』（明治四二年＝一九〇九完結）の「不倫の恋を材にしたハイゼの短篇小説に読み耽って居た」というのがニッコクにあげられている。二葉亭四迷の『其面影』（明治三九年＝一九〇六）では、主人公・小野哲也が妻の妹である小夜子に言う台詞の中に「私が乱倫の事でも言って、貴女に逼《せま》りはすまいかと、それを掛《け》念《ねん》に思うンだね？」という台詞がある。この場合の「乱倫」は、単なる妻ある男の密通ではなく、近親相姦を指している。

一方、その小夜子を問い詰める姉のほうは、「**姦通**」という言葉を使っているが、こちらは明治期に制定された姦通罪によって定着した言葉である。しかし姦通罪は、女の側に現在夫がいなければ成立しないから、この用法は法律的には不正確である。だが何にせよ、敗戦後に姦通罪が廃止されるまでは、有夫の女が別の男と通じることは「姦通」だった。けれど江戸期とは違い、独身の男女が通じても、それを「自由恋愛」として擁護する勢力というのはいたし、妻のある男が買春したり藝者遊びしたりすることはほぼ黙認されており、それは「一時の遊び」と見なされたから「浮気」と呼ばれたのである。

戦後になると次第に、姦通という言葉の凶々しい響きは敬遠されるようになって、女の場合にも浮気が使われたりしたのだが、女権運動の副産物として、男が浮気するなら女だってしていいではないか、という気分を包含して人妻の浮気が「流行」すると、「不倫」が、こと改めて使われるようになった、というのが実情だろう。なお英語のadulteryは、オックスフォード英語辞典では、配偶者のある者が他の異性と性関係を持つこと、と定義されていて、肉体関係を条件としているが、張競『恋の中国文明史』（ちくま学芸文庫）では、精神的なものも「姦通」と呼んでいる。

ニッコク第二版には、楠緒子や花袋より古い「不倫」の用例として、明治三六年（一九〇三）の国木田独歩の『正直者』から、語り手の父で中学校で英語教師をしていた者が、妻なき後、四人くらい妾同様のものを持っていた、と述懐があったあとで、「何故父は、さる不倫なことをして居たかといふ理由は知りません」とあるのがあげられている。しかしこれはいわゆる「密通」とは違う。

†「不倫」の一般化は一九八〇年以降

けれど、「不倫」が今のように一般化したのは氏家が言うように一九八〇年ころで、だから、家族の解体を予言したと言われている山田太一の小説（のち山田自身がドラマ化）『岸辺のアルバム』（「東京新聞」連載、昭和五二年＝一九七七刊行）に、この言葉は出てこない。それどころか、面白い表現がある。ここでは、大学生の娘と高校生の息子もいる三十八歳の人妻・田島則子（ドラマでは八千草薫。当時現実には四十五歳）が、突然電話を掛けてきた北川という男（竹脇無我）といつしか逢い、「連れ込み」へ行くような仲になるというところから話が始まる。なおここで出てくるのは宮益坂にあるとされている「アルハンブラ」というホテルだが、「ホテル」とは言っていても「ラブホテル」という表現は出てこないから、やはりこの当時はそれほど広まっていなかったのだ。

さて、北川は、何度か則子と渋谷の喫茶店で会ったあと、「提案」をする。引用しよう。

「浮気の提案です。お互いの家族は決してこわさない。絶対に秘密にする。深入りはしない。一方がやめたいといった時は、ただちにやめる。そういう浮気の提案です」（角川文庫より）

ここで「浮気」と呼ばれているのは、肉体関係を持つことを意味している。けれど、ひとによっては、喫茶店で会っているだけでも「浮気」というだろう。現在なら「浮気」の箇所は「不倫」になるのかもしれない。このような「浮気」の用法は、一般的とは言えない。むしろ、喫茶店で会ったくらいでは浮気と言わず、しかしまだ「不倫」のような言葉が一般化していない段階での過渡期的用法と言えるだろう。

一般的に使われたとは言えないだろうが、「不全姦通」という言葉もある。昭和初期のジャーナリスト清沢冽《きよし》の文章である。

……それは私がある日電車に乗った時のことである。／私は例によって、ズラリと電車の中を見廻して、別嬪《べっぴん》が居るかどうかを物色《ぶっしょく》した。……／一寸《ちょっと》ここで説明しておくが、こうした男の心理状態を学者の方では不全姦通というのだそうだ。……世の中には性交の伴わぬ姦通がある。……汽車や電車の中で、異性が居らないと、どうも物淋しく感ずるのも、この不全姦通の、いい見本だそうな。

（『モダンガール』大正一五年＝一九二六）

キリスト教では、人妻を見て欲情を覚えたら心の内なる姦通とされるのはよく知られているが、電車の中で美人を物色するのも「不全姦通」だというのだ。

†「人妻」への恋

ところで今ちらりと出てきた「**人妻**」という語である。

紫草《むらさき》のにほへる妹《いも》を憎くあらば人妻ゆゑにわれ恋ひめやも

というのは、『万葉集』巻一の天武天皇のたいへん有名な歌である。まだ天皇が大海人皇子《おおあまのみこ》といって皇太子だったころ、蒲生野に狩りに行き、額田王《ぬかたのおおきみ》から「あかねさす紫野行き標野《しめの》行き野《の》守《もり》は見ずや君が袖振る」と歌いかけたのに答えた歌である。すでに額田は大海人の子を産んでいて、しかしこの時は兄の天智帝の後宮にいたので「人妻」と言ったのだろうとされているが、この三角関係は、井上靖の『額田女王』あたりに細かく虚構化されている。

なおこれは「憎かったら、どうして恋いしたうことがあろう」というかなりややこしい表現なのだが、後年堀辰雄は、ヴァレリーの詩を訳して「風立ちぬ、いざ生きめやも」とやった。たぶん「生きなさい」のつもりだったのだろうが、これでは「生きるだろうか」になってしまう。誤訳である（平田オリザの戯曲『S高原から』でこの間違いが指摘されている）。さて、現代人はそういう背景抜きでも、ああこれは「人妻」に恋している歌なのだな、と思って記憶しているだろう。実際『源氏物語』では、主人公・光源氏が父の妻、つまり人妻である藤壺中宮に恋をするのが、前半の重要なモティーフである。が……。

『万葉集』にはほかにも「人妻」という語は何首かに出てくる。

あからひく色ぐはし子を屢《しば》見れば人妻ゆゑにわれ恋ひぬべし（巻十　柿本人麿歌集）

（中西進によれば第二句は「しき妙の子を」。中西訳では「ほんのり赤く美しい織女を見ると、牽牛の妻だのに、私は恋をしそうになる」）

「ゆゑ」というのは、もとは「〜だから」という意味だが、この二首では逆説で、「〜なのに」という意味で使われている。ところが、「人妻」というこの言葉は、平安朝文藝ではめったに出てこない。『後撰和歌集』（九五一年以後成立）に一首、

からころもかけて頼まぬ時ぞなき人のつまとは思ふものから（右近）

というのが出てくるが、これは「人妻」という成句ではないし、第一詠んでいるのが右近という女房なのだから、「つま」は「夫」である。催馬楽《さいばら》の「東屋《あずまや》」は、

東屋の　真屋《まや》のあまりの　その雨《あま》そそき　我立ち濡れぬ　殿戸《とのど》開かせ
鎹《かすがひ》も　錠《とざし》もあらばこそ　その殿戸　我鎖《さ》さめ　おし開いて来ませ　我や人妻

というものである。男と女のかけあいで、軒先で濡れてしまったので戸を開けてくれ、と男が言うのに対して、女が、掛け金や錠があるなら差しているけれど差していないのだから開けて入っていらっしゃい、私を人妻だとでも思っているの、と返しているのだ。

この「濡れぬ」にはエロティックな意味もあるのではないかと思うのだが、『源氏物語』「紅葉《もみじの》

賀《が》」の巻に、この催馬楽を踏まえた場面がある。これは有名な、五十過ぎの女房である源典侍《げんのないしのすけ》と光源氏が関係してしまった箇所で、源氏としては一時の戯れのつもりだったのが、典侍は一心に源氏を思っていて、ある夕暮れ、この女が琵琶を弾きながら、催馬楽の「山城」を歌っている。「瓜作りになりやしなまし」というものだが、これも前の節で論じたとおり、エロティックな歌だと思われる。しかもそれが少女の成熟と関係があるとすれば、五十過ぎの源典侍がそんな歌をうたうところに滑稽さが表されているとも考えられるだろう。

†中世・近世では「人妻」は死語

さて、源氏がさきの「東屋」を歌いながら寄っていくと、「押し開いて来ませ」と呼びかけるので、源氏は、変な女だなあ、と思う。すると典侍は、

立ち濡るる人しもあらじ東屋にうたてもかかる雨そそきかな

と詠みかけて、源氏が冷たい、と恨み言を言う。源氏はいよいよ嫌になって、

人妻はあなわづらはし東屋の真屋のあまりも馴れじとぞ思ふ

と返すのである。「人妻はわずらわしいからあまり馴れ親しまないようにしよう」という意味だが、典侍は源氏のライヴァルである頭中将《とうのちゅうじょう》とも関係を持っているけれど源氏はそれを知らないので、その後に「修理太夫《すりのかみ》」と名前だけ出てくる男が典侍に通っていると聞いていたので、そ

う言ったのだろう。

要するに、人妻との恋、などというロマンティックな雰囲気では全然ないのだが、『源氏物語』全編で「人妻」の語が出てくるのはここ一カ所だけなのである。あの大長編でこの一カ所にしか「人妻」がないということは、藤壺中宮に対しては歌だろうが台詞だろうが地の文だろうが、この言葉は使われなかったということだ。

『枕草子』に至っては、地名の例として「人妻の里」が出てくるだけで、ほかの王朝文藝の索引を調べても「人妻」は出てこない。のみならず、中世、近世を通じてもこの語は見出せない（『江戸語の辞典』にも載っていない）から、この語は長らく死語同然だったのである。私たちは何やら古代以来連綿と「人妻」の語が使われていたように錯覚しているが、それは違う。

だいたい「人妻」という語には、「その人に恋をしている、あるいは夫以外の男と恋をしている」という含意がある。だが『源氏物語』の例を見ると、「人」が天皇その他高貴な人物を指すことになるのはすでにまずかったのだろうと思われる。徳川時代には、人妻との恋など不義密通であるから、近松門左衛門の姦通もの三部作でも、過ちからセックスしてしまったことになっている。

そして、近代になって正岡子規や『明星』『アララギ』の歌人たちが『万葉集』を見直すようになって「人妻」が復活したのだろう。ニッコクの近代での用例は、大正元年（一九一二）の武者小路実篤『世間知らず』から「人妻になってゐるのだから」だが、武者小路ならその前年（明治四四年＝一九一一）の処女作とも言うべき『お目出たき人』の中に、「人妻」は四回出てくる。「自分を恋せぬ女が人妻になろうともそは自分にとって幸なることであろうとも不幸なことではないはずだ」などである。

さらに古くは、明治四〇年（一九〇七）刊行の青木苫汀《せんてい》『我や人妻』という小説がある。ただし本文中に「人妻」は出てこず。夫を亡くした女が未亡人としての貞操を疑われて自殺するという話である。なお苫汀は本名存義《ながよし》で、「どんぐりころころ」の作詞者。

だが、もっと鮮烈なのは大正二年（一九一三）の北原白秋『桐の花』の中の短歌

人妻のすこし汗ばみ乳《ち》をしぼる硝子杯《コップ》のふちのなつかしきかな

だろう。なにしろ白秋は実際に隣家の人妻・松下俊子との姦通で夫に訴えられて監獄に入るのだから。だがいかにも「人妻」の語が出て来そうな菊池寛『真珠夫人』には一回も出てこない。昭和一三年（一九三八）に『現代人妻読本』（福井才平）という本が出ているから、定着したのは昭和に入ってからだろう。

漢語では「一盗二婢三妾四妻」と言って、人妻との姦通がいちばん楽しいとされるし、西洋に

は『ボヴァリー夫人』『アンナ・カレーニナ』等の人妻姦通小説が多いが、考えると「人妻」に相当する成句はなさそうだ。日本で「人妻」が何やら淫靡な雰囲気を漂わせる語になったのは、戦後、昭和三四年（一九五九）、秘本ブームの衰退期に現れた作者不詳のポルノ『人妻の肌』（河出文庫に所収）あたりかららしい。何しろ主人公は人妻征服が楽しみな男だ。

それ以前の例としては、前に触れた吉屋信子『童貞』に、「ひそやかにわが恋ひわたる、あはれひとづま——従兄の妻なるそのひと——の匂ひやかにわれに悩ましく花のゆれる心地で——」とか「藤はいま潤吉を前にして、まだ娘ごころのやうな含羞とそして人妻としての一種の身構へた緊張を覚えて心苦しかつた」の二カ所に出てくるが、淫靡なニュアンスはない。何しろ恋している潤吉は「童貞」なのだから。

作者不詳『人妻の肌』

しかし六〇年代以後、文章、映像を問わず、ポルノには盛んに「人妻」の語が踊ることになる。一時期は「団地妻」などという変なのもあった。しかし、たかが姦通程度では読者も何とも思わなくなって、今では「義母」「義妹」だのが多い。そのくせ女性週刊誌などでは盛んに「不倫」だの「略奪愛」だのが読者の嫉妬心をあおるべく責めたてられている。変な時代である。

第八節　「好色」から「スケベ」まで

†「好色」は高尚で「スケベ」は低俗か？

「好色」といえば、何しろ日本文学史に『好色一代男』や『好色五人女』が出てくるくらいで、少なくとも現代の知識人にとっては、特に口にするのを避けなければならないような言葉ではない。けれどそれと似たような意味を持つ（とひとまず考えられる）**「スケベ」**となると、たとえば二十五歳くらいの女性がふと口にするのが躊躇《ためら》われる、それ自体、卑猥な響きのある言葉である。

けれど、私の考えでは、この二つはそれほど意味的にへだたりのある言葉ではない。

「好色」あるいは「色好み」については、この二十年ほど、だいたい文学者の間でいろいろなことが言われてきた。「色好み」という和語を重視したのは、民俗学者の折口信夫《おりくちしのぶ》で、折口は、この語は決して近代の人間が想像するような猥褻な意味を古代においては持っていなかった、と論じた。むしろ帝王、あるいは貴人が身につけるべき一つの「徳」とも言うべきものであって、『源氏物語』の光源氏などは、この徳を一身に体現した人である、と言ったのだ（西村亨編『折口信夫事典』に詳しい）。

この見方は、一九六〇年代、および八〇年代の民俗学ブーム、あるいは前者のカウンター・カルチャーやアングラ演劇、そして後者の「性の解放」に伴う性愛論の流行のなかでふたたびとりあげられ、作家の中村真一郎は『色好みの構造』を、それまでどちらかと言えば謹厳な出版社だった岩波書店の新書として出し、女性の文学研究者たちも、こういう問題を論じるようになった。その辺の学問的是非については、私はこれまで嫌になるくらい書いてきたので、改めては論じない。

ではこうした「色好み」擁護論者は「スケベ」擁護論者なのかというと、そうではない。一般的に、平安朝の「色好み」や徳川期の「好色」をほめたたえる人たちというのは、それらは現代のスケベ文化とは違う、と主張するのが普通なのである。前者には思想があり、様式があり、ルールがあり、美意識があったが、現代のそれにはそういうものがない、と言うのである（だいたい彼らは「スケベ」などという言葉を使わない）。しかし、それはダブル・スタンダードではないか、と私は言ってきた。現代のスケベ文化にだって、思想も、様式も、美意識もあるはずだ。

この「スケベ」は、徳川時代から「すけべい＝助兵衛」という言葉としてあったが、その語源は「好き兵衛」である。もっとも「兵衛」あるいは「平」が男の名前をかたどっていることからもわかるように、これは元来、男を指して「あいつはすけべえだ」というふうに言われる言葉で、概して女には使われなかった。ニッコクで見ると、項目だけでも「すけびょうえ」「すけべ」「すけべい」「すけべえ」「すけべえおやじ」「すけべえこんじょう」「すけべえたらしい」「すけべえったらしい」とまことに多彩にあげられていて、意味は「すけべえ」「すけべい」「すけべ」「すけびょうえ」はみな同じなので、どうも編集者のこの語への執着が感じられるのだが、用例は徳川期の庶民文藝が多い。

近代初期の用例としては、仮名垣魯文の『西洋道中膝栗毛』（明治三―九年＝一八七〇―七六）から「多淫《スケベエ》」、幸田露伴『艶魔伝』（明治二四年＝一八九一）から「助倍《スケベイ》」という当て字、同年の尾崎紅葉『二人女房』から、「あの御前も御高齢にましましながら、いつもいつもお助兵衛な御前だ」があがっているが、「助倍」の字はほかにも、高浜虚子の小説『俳諧師』（明治四一年＝一九〇八）にも使われている。

日露戦争後の用例としては、永井荷風『腕くらべ』（大正五―六年＝一九一六―一七）から「助兵衛ッたらしいやうな厭な方ねえ」、宇野浩二『苦の世界』（大正九年＝一九二〇）から、「意地がきたなくて、老ぼれて、それにすけべったらないんですからね」と「あの助平おやぢめ、あいつは仕様のない助平ですよ」の二つ、里見弴『今年竹』「茜雲」十から「いかに助平爺《オヤジ》でも」、「水神」九から「真直に白状すれば、卑しい助平根性ばかりだったと言ってもいい」」、水上瀧太郎『大阪の宿』(大正一四―一五年＝一九二五―二六)から「若い藝者の手を握ったり、助平たらしい冗談を云ったりするあひ間には」があげられており、昭和戦後の用例としては井上友一郎『日本ロォレライ』(昭和二三年＝一九四八)から「ゴロちゃんは、ただ単なる助平根性を掻き立てられる……」、坂口安吾『青鬼の褌を洗う女』(昭和二二年＝一九四七)から「すると人々は私が色っぽいとか助平たらしいとか言ふのである」、舟橋聖一『若いセールスマンの恋』(昭和二九年＝一九五四)から「みかけによらないスケベねえ」があげられている。

†女を「すけべ」と言う例

こうして見てくると、妙にマイナーな文学作品が多い。漱石はもちろん、谷崎も志賀直哉もないし、私もこうしたメジャー作家の作品で「すけべ」の類の語を見た記憶がない。宇野、里見、荷風、水上が描いているのは、藝者の世界など、下層の社会である。志賀や川端康成も藝者の世界を描いてはいるのだが、「助平」が出てこなかったとすれば、彼らの美意識がこの語を避けたからだろう。

じっさい、今はいざ知らず、二十年ほど前まで、この語を使う女はだいたい水商売の女だったと言っていいだろう。石坂洋次郎の『若い人』(一九三七)には、女学生・江波恵子のせりふと

『浮世風呂』三編、口絵

して「コックの兼さんに男の人の情がこわいってどんな事ってきいたら、スケベエのことだって。先生そお？」というのがあって、教師の間崎を呆れさせるのだが、恵子は娼婦の娘だからこんな言葉を使うのである。

もう一つ、今あげた用例では「助平」なやつ、とされているのはみな男だった。だが近世の用例には、女を指してそう言っている例がいくつかある。

雑俳『指使篇』（嘉永四年＝一八五一）の「スケベの御新造」（御新造は武家および富商の妻のこと）、浄瑠璃の『信田小太郎』（一七〇二頃）の「髪を切たる若後家、すけべいらしいめもと」、近松門左衛門『平家女護島《にょごのしま》』（享保四年＝一七一九）から「敵の。手かけ妾と成る様なすけべいの徒者《いたづらもの》と。このあづまやくらべらるるも口惜しや」、式亭三馬の『浮世風呂』三編（文化九年＝一八一二）から「あんまりべたべたと化粧したのも、助兵衛らしくしつっこくて見っともないよ」である。「あづまや」は、平家への反乱の謀議で鬼界が島に流された俊寛僧都の妻で、源義朝の妻・常盤御前が平治の乱のあと平清盛の愛人になったように、清盛のもとへ行くように説得されてのせりふである。

つまり高位の女性の口から「すけべい」が出ているのだ。つまり通説どおり、近代化に伴って性的領域が言説から排除されてゆき、「すけべ」という語は一般の女性に使われにくくなっていったのだろう。

†「すけべ」から「エッチ」へ

さて、「すけべ」を意味するものとして、昭和初年に「エッチ」という言葉が現れてこれにとって代わる。これはすでに述べたとおり、「変態」という言葉のローマ字表記の頭文字をとったものと考えられる。話し言葉ではふんだんに使われたが、文学作品に現れた例として、奇妙なのがある。前にも触れた舟橋聖一の『ある女の遠景』(一九六二)で、ヒロインの維子が母と交わす会話だ。


「そうよ、お母さん……たしかに、あたしって、おエッチなのね……両親は揃って、ノーマルなのにね……」

「そういう言葉には、耳を塞ぎたい位よ。おエッチって、どういうことなの?」

「知ってるでしょうに。変り者で、アブノーマルなことが好きなの……グロテスクだって好きよ……（後略）」（「痩牛のいる遠景」）

ここでは、アブノーマルの意味で使われているから、「変態」の頭文字という意味そのままだ。けれど維子は、叔母の伊勢子と情事をもった男の愛人になっているあたりがアブノーマルなのであって、現代人が「変態」と考えるような行為は、せいぜいその男との睦み合いとして顔に唾を吐きかけるくらいである。まあ、アブノーマルといえばアブノーマルだが……。そして維子は良家の娘で、エッチというのはそういう家で口にされる言葉ではなく、だから「お」をつけているあたりが妙である。丸谷才一は、この作品を「第二次大戦後の良家の子女が芸者そっくりである、時代錯誤もはなはだしい長編」と呼びつつ「にもかかわらず傑作」だと書いている（「維子の兄」）。

†「いやらしい」の語源は「みだら」

その後、一九七〇年代には、「エッチ」は、「やだ、お兄ちゃんたら、エッチ」みたいな形で普通に使われるようになるが、九〇年代の若者によって、すでに述べたとおり「セックス」の意味に移行してしまったし、実のところ、この意味を表す言葉として徳川後期以来ずっと広く使われてきたのは、「**いやらしい**」という言葉である。ところが、『岩波国語辞典』〔第六版〕でこの語を引くと、「いやな気持を覚えさせる（人間の）状態・性質だ」とあり、「（ア）不調和な感じがする。グロテスクだ。（イ）態度ややり方が堂々としていない。（ウ）好色で下品な感じだ」が順にあげられている。実は私は子どものころから、これはもともと（ア）や（イ）の意味だったのが、（ウ）の意味を持つようになったのだろう、と思っていた。けれど、どうもそうではないらしいのだ。

『江戸語の辞典』でこれを引くと、「厭らしい」という字が当てられていて、「きざな。また、みだらな」とある。後者の用例として、元治元年（一八六四）の『春色江戸紫』（山々亭有人）という人情本から、「もう〳〵艶言《いやらしい》事ばかり言つて」というのがあげられている。同辞典には「厭味らしい」という語が立項されており、こちらはずばり、「みだらである。色情的である」という意味で、用例は天保一五年（一八四四）の『箱根草』（瀧亭鯉丈）から、「全体《ぜんてい》その顔色《がんしょく》で艶色《いやみ》らしい事をいふのが厚かましいのだ」があがっている。

では「厭味」はどうかというと、「①いや。不愉快。②気取ったり飾ったりなどして、いやな感じを与えること。にやけたさま。きざなこと。③みだらなこと。いやらしいこと。④いやがらせ。あてこすり」とある。赤塚不二夫の『おそ松くん』にイヤミというキャラクターが出てくるが、これはキザ男であるから、この②に当たるわけだが、③の用例としては、為永春水の人情本『梅の春』（天保九年＝一八三八）から、「淫情《いやみ》なしに借りるのだから、お客の方でも侠客《おとこぎ》の人でなければ話しても無駄だから」という用例があげられている。「厭らしっ気《け》」という項目もあって、こちらは「きざな感じ。また、みだらな言動」で、用例は山々亭有人の人情本『春色恋廼染分《こいのそめわ》解《け》』（慶応元年＝一八六五）から、「少しも艶郎《いやら》しッ気なしに、座敷が引けると程なく帰つて仕舞ひんした」である。もう一つ、「厭らし味たっぷり」なんていう項目もあり、これも「**みだら**」のほうで、用例は式亭三馬の滑稽本『浮世床』（文化九年＝一八一二）から、「しかし美だネ、いやらし身たっぷり、あすこで迷はせやうといふ洒落だ」である。

これをまとめると、だいたい徳川後期、文化文政以後、特に天保以後の人情本を中心とした戯作、そしてここには出ていない春本の世界で、「いやみ」「いやらし」の語根には「みだら」という意味があり、むしろ「いやらし」のほうにその意味が強かったと思われるが、特におもしろいのは、辞書の項目には「厭らし」が使われているのに、用例はまことに自由自在に、「艶事」「艶色」「淫情」「艶郎」といった漢字を用いてこれを「いやらし」の類に読ませているということだ（当然、ルビ付きである）。

春本のほうでは、前に出てきた、松亭金水《しょうていきんすい》作『正寫相生《しょううつしあいおい》源氏』を見ると、「他の子供を見るのに。モウ十四にもなれば些《ちつ》とは春心《いやらし》みが付《つく》ものでございますが、何故彼様《あんな》でございませう」という台詞がある。

こうして見ると、徳川後期の戯作では、漢語にルビを振ることがきわめて多かったとはいえ、

歌川國貞『正寫相生源氏』より
（林美一／リチャード・レイン監修「定本・浮世絵春画名品集成・第19巻」『歌川國貞［正寫相生源氏］』河出書房新社より）

仮名で「いやらし」を使ったものはないので、おそらく「厭らしい」と書いたのではその意味が不明で、「艶」「淫」「春」といった漢字にルビを振る形式をとったものと思われる。さらにここであげた用例はみな「せりふ」からのものであって、地の文からではない。つまりこれらが、「口語」であったことを示しているだろう。

†「淫」は「みだら」ではない？

ところで、石川弘義『マスタベーションの歴史』（作品社）には、ちょっと変なことが書いてある。一六〇三年にポルトガルの宣教師たちが作った『日葡《にっぽ》辞書』は、当時の日本語の発音を知る資料として有名なものだが、石川はそこで「淫」という語を引いてみたら、「人間の精液」と書いてあったので、「第一義的には『淫ら』ではないらしいのだ」と書いている。間違いであるが、そんなことは諸橋『大漢和辞典』を見ればわかることで、むしろ『大漢和』を調べることすら思いつかない学者がいる、ということが明らかになったので、いい機会だからここで詳しく述べておこう。

たしかに「淫水」という言葉は、「みだらな水」という意味ではなく、溢れ出る水という意味だ。「淫」という字は、みだら、という意味のほか、みだれる、ひたす、うるほふ、あふれる、ふける、はびこる、などさまざまな意味があり、概して、度を越す、量が多い、といった意味合いを持っている。『大漢和』には漢籍から多くの用例が引かれている。ただし、「みだら」という訓みは、中世まではなかった。

ニッコクによれば「みだら」の用例でいちばん古いものは、正徳五年（一七一五）の近松門左衛門『生玉心中』の「心もみだらに身をもちくづし人にも人といはれぬ」である。これは娼婦おさがと馴れ親しんでいる嘉平次によそながら姉が意見する箇所で、だから「淫ら」という意味も含まれてはいるが、現代のように限定されてはいないようで、「精神がよくない方向へ乱れて」程度の意味だろう。しかもここで「淫」の字は当てられていない。

中世以前、この意味を担っていたのは「みだりがわし」という和語であり、漢字としては妄、濫、猥、漫などが当てられた。あるいは「みだり」がある。ただしいずれも内包が大きすぎる、つまりさまざまな意味を持っていたので、性的な意味でみだりがわしいことのみが限定されて

「みだら」になったのだが、これは平安朝から「みだらかす」という動詞があり、十六―十七世紀には「みだらす」という語もある。

これが「みだら」という形容動詞になったわけだが、「淫」の字が当てられた用例としてニッコクでは、「みだらわし」の項目に、天保期の為永春水作の人情本『貞操婦女八賢誌《おんなはっけんし》』（天保五―弘化五年＝一八三四―四八）から「性として色を好み、最《い》と淫《みだら》はしき女子なるに」があげられている。「淫」の字が「みだら」と一対一対応するようになったのは、十九世紀以降だろう。

†「いやらしい」にもいろいろあって……

要するに、「いやらしい」は徳川後期以来、「すけべ」を意味する語としてずっと使われてきたのだ。「いやらしみ」はしかし、なくなってしまったし、「厭味」はキザのほうで意味が定着してしまった。

さて、「好色一代男」と「好色五人女」の例を先にあげておいたが、前者が、一代の放蕩男世之介を主人公とする、まさにその表題どおりの作であるのに対し、後者は、むしろ一人の男を一心に思う女とか、夫がありながら密通してしまう女とかの話で、だいぶ趣が違っている。だから後者は現代語としては残っていない「好色」の用法であって、現代語に訳すなら「恋する五人女」とでもなるのだろうし、それはまさに近代日本における「性欲」と「恋愛」の分離を示しているように見えるのだが、あくまで西鶴の用法は元禄期のものであり、徳川後期には、この種の主題を示す表題は「春色」とか「春情」のほうが多くなっていたのであり、むしろ西鶴の用法のほうが全体として特殊だと考えるべきだろう。

私たちが参照しているのはあくまで文字資料で、しかも日本語は、まさに今見たように、漢字と仮名の使い分けで微妙な表現を行うものだから、「いやらしい」と言っても、それが「きざな」なのか「不快な」なのか「みだらな」なのかは、口頭表現の場合は文脈で判断しなければならない。

水木杏子原作、いがらしゆみこ画のマンガ『キャンディ・キャンディ』の中に、孤児のキャンディが金持ちの意地悪娘イライザから「いやしい娘」と呼ばれ、「『いやらしい』じゃなくて良かった」と言ってそのいじめをかわす場面がある。これは米国の話なのに、まるっきり日本語で書かれた話になってしまっているのだが、この場合「いやらしい」は、たぶん「みだらな」という意味で使われている。

あるいは、突然「いやらしい男」と言っただけでは、人柄がいやらしい、という意味なのか、「スケベだ」という意味なのかは、わからない。はっきりさせるには「スケベ男」とか「狒々爺《ひひじじい》」とか、言わなければならない。しかし「みだら」となると、「人」にはあまり付かない。「みだらな男」とはあまり言わず、「みだらな言葉を言いかけて」とか「みだらなことをして」とか、モノに付くのが普通だ。では女に付くものは、どうか。

†「ふしだら」と「はすわ」

女が好色である場合、「スケベ女」以外に、多様な、明らかに否定的な表現がたくさんある。「ふしだらな女」とか「身持ちの悪い女」とかである。山口百恵の『青い果実』（千家和也作詞、一九七三）では「あなたが望むなら／私何をされてもいいわ」の後、「いけない娘だと／噂されてもいい」とくるのだが、あまり実際には「いけない娘」は使われないだろう。

「ふしだら」は実際には使われなくても、書き言葉では盛んに出てくる。けれど、徳川期にはこの言葉は「女」に特定して使われてはいなかったようだ。そもそも「しだら」というのは、おこない、ふるまい、行状、品行といった意味で、それが良くないのが「しだらがない」「不しだら」と言われたのであり、それを洒落て「だらしがない」と言ったのが今に残っている。今でもテレビ業界などでは盛んにこの逆さ言葉が作られているが、それの一種である。「不しだら」は、しかし徳川期には、「不始末」という程度の意味しかなかったと思われる。それが明治期以降、「女」特に未婚の娘に特化したのだろう。

ではそういう娘のことを徳川期には何と言ったか。「いたずらな」という言い方がある。ただしこれだけではやや意味がぼやけているので（他の意味もあるから）、文章では「淫奔」と書いて

「いたずら」とルビを振ることが多かった。けれど、徳川後期に最もポピュラーだったのは「**はすわ**」である。つまり現在の「はすっぱ」として残っているものだ。「蓮葉」という漢字が当てられているが、喜多川守貞の『守貞謾稿』（嘉永六年＝一八五三までに成立）という考証随筆に、この「蓮葉」の語源が書かれている。

天和二年（一六八二）刊本の『西鶴一代男』に、難波の浦は日本第一の港で、ここで諸国の商人を歓待するために「蓮葉女《はすはめ》」という売春婦を置いたといい、守貞の考証として、ちょこちょこ歩いてびらしゃらするので「蓮の葉」の名がついたという。そして「今俗にも万事思慮の浅き、または形容の軽率なる、すべて『はすわ』と云ふ。蓮葉女に似たるの意なり」とある（岩波文庫『近世風俗志（守貞謾稿）三』より）。

『西鶴一代男』は、『好色一代男』のことで、巻三の二十三歳のところ「是非もらひ着物／浮世小路蓮葉女事」があり、「あれは問屋《とひや》方《かた》に蓮葉と申して、眉目大方《びもくおおかた》なるを、東国西国の客の寝所《ねどころ》さすため抱へて、おのがこころまかせの男ぐるひ、小宿を替へてあふ事、いたづらの昼夜にかぎらず出ありく事も、親方の手前を恥ぢず、妊《はら》めば苦もなうおろす」云々と、さんざんに罵られている（引用は『日本古典文学全集』より）。要するに容貌はまあまあ、自堕落で気ままに男をこしらえ、職業外でもセックスをし、妊娠すれば平気で堕胎すると、そういう下等娼婦のことである。

『江戸語の辞典』では「はすわ」の語義として「女の、つつしみなきこと。しとやかならぬこと。

思慮の浅いこと。おこないの軽はずみなこと。色めいてみだらなこと」とあり、ほかの用例として享和二年（一八〇二）の洒落本『祇園祭挑灯蔵《ぎおんまつりちょうちんぐら》』から、「はすはな生れゆへ」云々というのがあり、「蓮葉者」の項目では享和元年（一八〇一）の歌舞伎脚本『名歌徳三升玉垣《めいかのとくみますのたまがき》』（桜田治助）から、「女子のくせに蓮葉者」があげられ、「はすぱもの」では種彦の『正本製《しょうほんじたて》』（文政年中）から、「島原の藤屋の仲居お美津といふて蓮葉女《もの》」、「はすぱ」ではやはり種彦の『新うつぼ物語』（文政六年＝一八二三）から、「面打とか下様にて云ひならはしたる蓮葉な品行《みもち》」があがっている。種彦はこの語をよく使っていて、『偐紫田舎源氏』でも、しきりに女を指して「蓮葉」と呼んでいる。さて現代の「蓮っ葉」は、むしろ行いよりも態度を示す語になっている。

†英語で「スケベ」は何?

ところで、「スケベ」は英語で言うと何か。手元の小さな和英辞典で「すけべえ」を引いてみると、名詞として a satyr, a lewd fellow, 形容詞では lewd, bawdy とあった。より高尚な言い方としては lecherous があるが、いずれも、現在の北米で一般に使われているものではない。こういう語はスラングが使われるから、一般的には horny である。角 (horn) から派生したもので、「角の」というのが普通の意味である。なぜそれが「スケベ」かと言えば、十八世紀ころから、男根のことを俗に horn と言っていたので、転じてそうなったのである。ジョイスの『ユリシーズ』にも出てくる。

ところで、英語では、エロティックであることを示す色は、青である。昔、「ブルーフィルム」というのがあったのは、これを踏襲したものだが、その後すぐ「ピンク映画」のようなものが現れて、日本では「**ピンク**」といえばそういう意味を示すことが一般的になった。けれど、西洋ではピンクにそういう意味はなく、赤＝共産主義、社会主義を薄めた色ということで、社会民主主義を示すのが普通だ。

しかし、ニッコクで「**桃色**」を引くと、②として「やや左翼的な思想であること。また、その人」とあり、その他の辞書にもこの意味は載っている。ただし用例がない。西洋文献の翻訳ででも使われたのかもしれないが、ここでの主題とは外れるから特に調べない。問題はニッコク④の「男女の色情に関すること」で、例として「桃色事件」と書いてあるが、用例はない。「桃色遊戯」の項目には、「男女のふまじめな恋愛。特に少年少女の不純異性交遊についていう」とあり、用例として野坂昭如の『エロ事師たち』初稿（昭和三八年＝一九六三）から「六畳一間に十数人入り乱れる桃色遊戯」があげられている。

†「桃色遊戯」の雑誌記事

そこで、大宅壮一文庫の雑誌記事目録で調べると、「10代の性」の項目に、昭和三一年（一九五六）一月一日の『週刊サンケイ』の「基地横須賀の子供たち　桃色遊戯」（ただし現物は「〃桃色基地〃の子供たち」）、三三年（一九五八）八月二五日の『週刊大衆』の「恐るべき十代の桃色遊戯」、同年一一月五日の『週刊漫画TIMES』に「サイクリングと十代の桃色遊戯」がある。ほかにもこの時期に「桃色」の付く記事がいくつかあるから、当時の流行語のようなものだったのだろう。

『週刊サンケイ』の記事は、「横須賀市では、この十年、もの心のついた幼年時代から思春期に入った少年少女の間に、性的犯罪や桃色遊戯が続発し、教育関係者を慄然とさせている」というリード。「昨年の春は三十余名の学生ばかりの桃色遊戯が補導され」などとあるが、学生といっても中高生であろう。十五歳の少年が性的興味から五歳の少女を殺してしまったなどという事件もあったらしく、そういう事件が昔からあったことを確認させてくれる（筆者は篤志面接委員・地主愛子）。

『週刊大衆』のほうは、夏休みに入ると、高校生や大学生などのハイティーンの者たちによる犯罪が激増する、とあり、「こうした時流の中で、深夜喫茶の問題が取上げられたことは大変喜こばしいことである」云々とある。さらに、補導された六人の中学生の話が出てくるが、「三組の少年少女は区内某中学三年生のいずれも十四歳で、札つきの不良同級生。以前からペッティング遊びをはじめ、大いにおさなき青春を満足させていた」がそれもつまらなくなったので、号令キッス遊びを始めたところを補導されたというものだ。

単に「キッス」と一人がどなると誰かにキッスしなければならないというまことにたわいのない遊びで、『週刊大衆』の記事がこの程度で嘆いてみせているあたり、時代を感じさせる。三島由紀夫『新恋愛講座』の第九講に「桃色グループ」という言葉が出てくるが、これは昭和三一年八月ごろ雑誌に載ったものだ。

†「桃色」はなぜ性的な色になったのか?

さて、この「桃色」が英語に直されて「ピンク」になったのだろうが、ではなぜ桃色にそういう意味が付与されたのか。『江戸語辞典』(東京堂出版)で「桃色」を引くと、「①酒にほんのり酔った顔色。②下級の若衆形、女形の異称。桃色の袴。こうした安っぽい着付けで舞台に出たのである」とある。②はいくぶん関係があるようにも思えるが、むずかしそうだ。

『隠語大辞典』(皓星社)は先行辞典の集大成だが、これで「桃色」の項目をみると、(1)はやや左傾の意、(2)が男女の交情関係で、昭和二四年(一九四九)の『語源明解・俗語と隠語』が出典だ。しかしこれではちっとも「語源明解」ではない。となると『隠語大辞典』の②にある、「少女の恋のことをいふ。花言葉、及び色言葉共に少女を表すから」と「少女の愛といふ意味を含ませる」しか手掛かりはない。こちらはいずれも昭和四年(一九二九)の『かくし言葉の字引』からだから、古い。

たしかに女の子のお祝いは桃の節句だし、今でもピンクは少女を思わせる色で、女の子向けとされているキティちゃんグッズはピンクで統一されているくらいだから、そこから、少女の愛↓少女の不純異性交遊↓エロ一般、と展開してきたと考えるのが妥当だろう。しかし、では西洋にはピンクと少女の連想はないのだろうか。

モリー・リングウォルドという可愛子ちゃん女優の主演でなぜか日本のインテリたちが騒いだ『プリティ・イン・ピンク』という映画があったが、概してアニメ映画のシリーズ『ピンク・パンサー』とか映画『ピンク・フラミンゴ』とか、ロック・グループ「ピンク・フロイド」とか、コミカルでエキセントリックといったニュアンスが「ピンク」にはあるようだ。インターネットで、「ピンク」が題名に入っている映画を調べたら、『プリティ・イン・ピンク』が唯一まともな映画で、あとはピンク・パンサーものか、「こんな変てこな映画は観たことがない」とか「くだらない」とかいったコメントの付いたものが多かった。日本の「ピンク映画」も、上品なエロティシズムというより、低予算の中身も安っぽいものを指していたのだから、英語の影響もあったのかもしれない。『AERAMOOK　恋愛学がわかる。』の表紙がピンクだったのも、西洋人が見たら異様に思っただろう。

第九節　「老嬢」からシングル・ライフへ

†結婚しない女への圧力

アンジェラ・ゴッダードとL・M・パターソンの『言語とジェンダー』という洋書を教科書版にして英語を教えている。そのなかに、bachelor（独身男）とspinster（独身女）のイメージの違いについて述べている箇所があった。**バチェラー**という英語には、学士という意味もあるが、著者たちは、この語には、意図的に結婚しなかった、いろいろな女と遊んでいる男、というイメージがあるのに対し、スピンスターのほうは、結婚に失敗した「**売れ残り**」というイメージがある、と書いている。

スピンスターを辞書で引くと、「**老嬢**」という訳語が載っているが、今の学生はさすがにこんな言葉は知らないらしい。これは明治期に英語のold-maidの訳語として作られたもので、ニッコクの用例では、明治四二年（一九〇九）の佐々木邦訳『いたづら小僧日記』から「先生は何故御婚礼なさらないんです。皆が、老嬢だって言ってますよ」があがっている。あとは大正九―一〇年（一九二〇―二一）の寺田寅彦『旅日記から』の、「神戸から一緒のアメリカの老嬢二人」である。ただし明治三六年（一九〇三）に、島崎藤村が『老嬢』という小説を発表しているから、もっと古くから使われていたのだろう。

もちろん日本でも、「嫁《い》かず後家」とか「嫁き遅れ」とか「売れ残り」とかいった言葉が、かつては、いや人によっては今でも、女を指して使われてきた。「老嬢」に相当する言葉として戦後よく使われたのが「オールドミス」である。しかし、男の独身者に当たる日本語は何だろう。そして、意図的に結婚しないで多くの女と遊んでいる男、を意味する日本語などあるだろうか。昔の大阪あたりでは「やもめ」という言葉で、独身男を意味したようだ。これはもともと、寡婦、つまり夫に死なれた女を意味する語で、だから「め」なのであり、男のほうは「やもお」あるいは「男やもめ」などという。前者は「鰥夫」と書く。「男やもめに蛆がわき、女やもめに花が咲く」などとも言われる。それを、未婚の男に使う場合もあるようだ。

はなから独身の男のことは、「**チョンガー**」などともいうが、これは朝鮮語の「総角」（もとは独身者の髪形）の読みを借用したものである。語感から、朝鮮人への差別語だと思っている人もいるらしいが、それは間違いである。しかしこの言葉も、少なくとも日本ではたいてい惨めなイメージを伴っていて、「蛆がわく」に通じるものがある。日本で独身男といえば、まともな食事もとれず、部屋は不潔で、といったイメージが強いのである。英語のバチェラーというのは、貴族かブルジョワ階級で、女中や下男がいる男のことではあるまいか。シャーロック・ホームズなども独身だが、食事は下宿の女主人が作ってくれている。つまり賄《まかな》い付きである。けれど今の日本で賄い付き下宿などというのはあまりない。

たしかに、一九七〇年代中ごろ、「独身貴族」などという言葉が流行した。けれどこれは男女を問わず、給料を全部自分用に使える者たちを、住宅事情が悪化していく中で早々と結婚して子どもをつくって安月給で苦労している者たちと対比して言った言葉である。しかし、八〇年代後半になり、男児出生率の高さが、医療の進展によって乳児期死亡率が下がったためにそのまま残り、結婚適齢期の男の数が女の数より五十五万人多くなり、結婚できなくなる、と言われるようになったころから、そんな呑気なことは言っていられなくなったのである。私は当時二十代で、この報道に怯えたから、数字まで覚えている。

同時に今では、三十代前半で独身の女の数が三割くらいになっていて、これも九〇年代はじめころ、「晩婚化」とか「未婚化」とか言われたのがさらに進行しているのだ。けれど、そのちょっと前までは、結婚しない女にはいろいろと圧力がかかったものである。

†「適齢期」とは何歳？

森村桂という作家がいる。一九四〇年、作家の豊田三郎と歌人の森村浅香の娘として生まれ（父は早くに亡くなったが、母はなお存命である）、学習院大学卒業後、出版社に勤めていたが、ニューカレドニアを訪れ（しかしこの島はフランスの植民地なので、ヌーヴェルカレドニアというのが正しい）、帰国後の一九六五年、就職体験記『違っているかしら』で作家デビュー、ついで、ヌーヴェルカレドニア体験を描いた『天国にいちばん近い島』を出す。その間、木島則夫モーニングショーに出演してヌーヴェルカレドニアの話をし、一躍有名になる。けれど森村は、貧乏作家の父を見て育ったので、作家になるつもりはなかったようだが、六七年、『結婚志願』という身の上エッセイを出す直前に結婚した。けれど結婚後も続々と本をかき、数年で三十四冊の本を出して、六〇年代末には、本屋には森村桂コーナーができ、当時コーナーのある作家は森村と川端康成（ノーベル文学賞受賞後）くらいだったと言われている。

森村は、その後の女性エッセイスト、女性文化人の元祖的な存在で、林真理子も俵万智も群ようこも森村の末裔なのである。特に顔だちが、美人ではないけれど愛嬌があるというあたり、森村―俵という線は大きい。岸本葉子も就職体験記でデビューしているから、同じ線だ（その後順調に物書きにというわけにはいかなかったが）。七〇―八〇年代には、講談社から森村桂文庫が三十冊ほど、角川文庫にも同じくらい収められ、若い女性を中心に絶大な人気を誇ったが、今ではほとんど品切れである。

さて、『結婚志願』であるが、その文章は、まぎれもなく一つの世界をつくっている。ちょうど戦後の、「アプレ」と呼ばれるような四大卒女性の話し言葉を書き言葉にしたものだが、その文才は隠れもない。冒頭から、友だちとの会話で、「適齢期というのは今、二十四までで、二十五がせいぜい、二十六といったらもう売れ残りだ、というのである」とあり、

女性週刊誌を開くとどれもこれも、二十四歳、結婚しましょう、売れ残らないためには、これこれしかじか、「お見合を成功させる法」、「プロポーズさせるチャンスを作るには」と、書いてある。グラビアを開いてみると、「このハイミスたちの豊かな生活」とかいうのがある。その一人が何と二十六歳。

「オールドミスにならず、ハイミスになろう」というのがある。ハイミスがオールドミスと違うためには、「美しく、教養があり、生活能力がある」ことだそうだ。それなら、売れ残ってもみっともなくないんだそうだ。

(講談社森村桂文庫より)

一般的には、ハイミスもオールドミスも同じ意味である。ところが、二十六になったら売れ残

り、という考え方は、つい十年前まで、ちゃんと残っていた。そのころ「クリスマスケーキ」などという隠語があったことを、三十代後半以上のひとなら知っているだろう。二十五日になったらもう売れない、という意味である。「お局《つぼね》さま」なんて言葉もあった。事務職の女性で、「寿《ことぶき》退社」できずに残っているひとのことだが、二十九くらいになると、もうそれであるらしい。

だがそんな言葉がはやる一方で、男女雇用機会均等法をきっかけとした総合職への進出で、晩婚化は進んでいった。しかし乃南《のなみ》アサの小説『パラダイス・サーティ』(一九九二年)が『29才の憂うつ』の題でドラマ化されたのは二〇〇〇年のことで、ここでは二十九歳を迎え、「お局」化しつつある石田ひかりが結婚を焦っている。九二年の作品が二〇〇〇年にドラマ化されても違和感がない程度には、事務職女性の意識は変わっていないということか。というより、九〇年代半ばに比べて、さほど高学歴ではない若い女たちの保守化、結婚志向が強まっているということもあろう。

†結婚するか職に就くか

ところで「老嬢」という言葉は、いかにも翻訳語で、徳川時代からあったものではない。徳川時代には、もちろん一般には十代後半で女は嫁入りしていたが、中には三十過ぎて初めて結婚する女も珍しくはなかった。結婚適齢期だの、嫁き遅れだのといった概念ができたのは明治期以降であり、お見合いという制度ができたのも明治半ばである。

と同時に、女が職業を持てるようになったのも明治期以降だが、女学校へ行ったような女の職といったら、まず教師だった（その他は斎藤美奈子『モダンガール論』マガジンハウス、に詳しい）。ところがその当時は、職を持ちながら結婚するというのはなかなかむずかしいことだったようで、そのため、明治三十年代の『青春』（小栗風葉）のヒロインは、自分は「独身主義」だ、と盛んに言っている。つまり、職業に就く、ということなのだ。

明治四二年の漱石の『三四郎』では、ヒロイン里見美禰子は二十三歳で、呑気に暮らしているように見えながら、実は結婚しなければならない境遇にいる。美禰子は野々宮が好きらしいのだが、野々宮が気乗り薄なうえ、どうも野々宮と美禰子の結婚を、野々宮の妹のよし子が妨害しているらしく、というのは二人が結婚したら、独身のよし子は「小姑」という嫌な立場になってしまうからだ、というのが小森陽一の解釈である。

フランス文学者で文藝評論家の寺田透が書いた『人間喜劇の老嬢たち』（岩波新書）という本があるが、これはバルザックの小説に出てくる老嬢たちの苦しみや恨みを扱ったものだ。なかでも『従妹ベット』はすごい。徳川時代日本でも、婚約を破棄された恨みから、女の兄が、元婚約者の家へ女を連れていって目の前で女の首を切り落とす、という恐ろしい話がある。上田秋成『春雨物語』の「死首の咲顔《えがお》」だ。さらに徳川期には、処女・童貞のまま死んだものは、賽の河原で石積みをしなければならないという俗信もあった。

†身長コンプレックス

ところで先の『結婚志願』には、主題とはずれるが、興味深いことが書いてあるので紹介しておく。お見合いを考えている森村のところへおばさんがやってきて、釣書（とは書いていない）を書く場面で、おばさんが身長を尋ね、「百六十四センチ」と答えると、「じゃ百六十二センチにしときましょう」とおばさんは言うのだ。森村は、ニューカレドニアできっと伸びたはずだから百六十五だ、と言う。


「そんな当てにならないこと。あんまり大きく書かない方がいいのよ」

「へえ、私と絶対結婚したい人が三センチの違いで降りちゃうの」

「今ね、女性は男性に対して、何しろ背が高い人っていうのが条件なのよ。そして男性は小さくて可愛い人っていうのを好むのよ」

「じゃあ、私みたいにノッポと、おばさんとこの康明ちゃんは永遠に売れのこっちゃうじゃない」

たしかにその後、「三高」などという言葉がはやったりして、今でも男は背の高いほうが恋愛や結婚には有利だろう。しかし女が百六十四でノッポだとか結婚に不利だとかいうことは、一般論としては、今ではない。このあと森村が、今を何年だと思ってるんだ、と悪態を延々ついていて、おもしろいのだが長いから割愛すると、そのあと。

ノッポでワルかったね。だけどしようがないんだ伸びちゃった。頭が軽くて抵抗がないから、スースーと伸びたのさ。入る家がないわけじゃないんだからかんにんしてよ。だから可愛くないとは何事だ。背は百四十何センチ、ハイヒールはいて百五十何センチ、体重は三十八キロ、それでドキリとするようなことという奥さんだっているじゃないかさ。

いま百六十四センチの女性を「ノッポ」とは言うまい。『太古、ブスは女神だった』（マガジンハウス）を書いた大塚ひかりは、インタビューで、「ご本人は、『ブス』の語とは無縁だったのでは」と訊かれ、「いいえ、百四十七センチの身長などコンプレックスはありますす」と答えている（『読売新聞』東京版夕刊、二〇〇一年八月三一日）。しかし百四十七センチの身長というのは、一九六六年には、理想的だったのである。大塚は二十年早く生まれていたら身長が低いなどと感じずに済んだのだ。よく、平安時代に生まれていれば美人だった、などと言われる顔があるが、たった二十年でこうも変わるのである。星霜《せいそう》恐るべし。

とはいえ、それよりさかのぼる昭和三〇年（一九五五）刊行の林房雄『娘の縁談』では、主人公の千栄子が、結婚したいけれどチビだから、と言って「昔なら、これでも通用したかもしれないけれど、今は八頭身時代でしょう。映画の立見はできないの。まわりのティーン・エイジャーズ（十代）がみんな見上げるほどのノッポばかりだから」とぼやいている。まあ、いつの時代にも、小さければ小さいなりの、高ければ高いなりの悩みがあるということか。

†「対象外」の年齢はいくつから？

ところでその大塚ひかりの『いつから私は「対象外の女」』（講談社）は、若いころは男にちやほやされて、デート代なんか払ったことがないし優しい夫も得たというのに、四十を過ぎて夫から**「対象外」**にされてしまった、というエッセイである。「関心がない」という意味での言い方としてはほかにたとえば、「眼中にない」などという表現もある。これを一部の若者言葉で「アウト・オヴ・眼中」などと言ったりする。そこで「対象外」だが、「恋愛対象外の女」というのは現在ではよく使われる言い方だ。

しかしこういう、年齢とともに女が「対象外」になるという言い方は昔からあったようで、池田みち子の「不惑の女」（前出『女の放蕩』所収、一九五五）は、題名どおり四十歳の女性画家・

原みづえを主人公に、大野木という三十二歳の「女たらし」との惨めな交情を描いたものだ。池田は大正三年（一九一四）生まれで、今も存命だが、『老嬢クラブ』などというそのものズバリの題名の長編もある。「もてない女」ものをよく書いていたらしい。

その「不惑の女」に戻ると、大野木は妻に逃げられた男だが、初めてみづえと寝たあとすぐ、俺に貢がないか、と言いだすような男で、挿絵で稼いでいるみづえに金をせびってばかりいて、みづえは愛想を尽かしながらも「大野木がひとりきりの男」なので別れられないが、大野木のほうはこれ以上金を搾り取れないと思ったのか、「僕、みづえさんに会ってると、何だかお母さんに会ってるようで……」「だから、対象のそとにあるんで……」とひどいことを言いだす。みづえはその言葉を思い出しつつ、訪ねてきた婦人記者の三十二歳という年齢に嫉妬して「せめて、三十二歳の昔へ帰りたい」と思う。ここに「好き嫌いの範囲外だと云われる四十女の自分」とか「欲望の対象にもされない女」とか「大野木はこの婦人記者に対しては『対象のそとにある』とは決して云わないだろう」などという述懐がある。

とはいえ、織田作之助の『土曜夫人』（昭和二二年＝一九四七）には、「貴子がもつと若ければ、春隆もこれほどまで照れなかつただらう。姥桜といふ言葉の魅力も、せいぜい三十三までだ」とある。もっとも春隆は貴子を三十五くらいだと思っているが実は四十一なので、まあ昔から四十過ぎても男をひきつけることはできたということか。

さるにても、『ヴァンサンカン（二十五歳）』、『ラ・ヴィ・ドゥ・トランタン（三十歳の生）』に続いて、三十五歳はとばして『マイ・フォーティーズ』などという女性雑誌が出るほどで、『クロワッサン』でも、四十になっても恋がしたい、などという特集が組まれるようになったのは最近のことで、昔は三十を越えれば『主婦の友』系だと思われていたのだ、と考えていたのだが、こう見ると昭和三〇年でもそういうことを考える女はいたのである。

いや、そういう話ならもっと溯れる。幕末期に成立した三遊亭圓朝作の怪談噺『真景累ケ淵《しんけいかさねがふち》』の初めのほうで、「豊志賀《とよしが》の死」として六代目円生がよく口演していて、歌舞伎にも掛かる部分では、富本の師匠豊志賀が、弟子分として同居していた新吉という若者と深い仲になってしまうのだが、豊志賀は三十九歳、新吉は二十一歳である。「日頃堅いと云ふ評判の豊志賀が、どう云ふ悪縁か新吉と同衾《ひとつね》をしてから、不図深い中《ママ》になりましたが、三十九歳になる者が、二十一歳になる若い男と訳があつて見ると、息子のやうな、亭主のやうな、情夫《いろをとこ》の様な、弟の様な情が合併して、さあ新吉が段々かはいゝから……」（岩波文庫版より）というので、実のところこういう関係は往々にしてあったのだろう。

それが、二十年ほど前のマンガ、名香智子の『パートナー』で、二十歳前後の神砌《じんみぎり》を酒に酔って誘惑するソシアルダンスの千香子先生は、「据え膳もおばァちゃんじゃ手が出ない？」などと言うのだが、千香子先生は三十七歳である。どうも、「女は二十代に限る」という考え方は、戦

『パートナー』
Ⓒ名香智子／小学館

後、社会が安定してから広まったものでしかないのではないかと思える。もっとも平安朝文藝をみても、『源氏物語』の源典侍は五十代なのに男遊びをしているというので笑いものになっているが、これは五十代後半だから笑いものにできるのであって、四十代の女の恋というのは出てこないけれど、たぶんそれでは生々しすぎるからだろう。

†「老嬢」から「シングル・ライフ」へ

それにしても最近は、四十過ぎで独身でも、なお美しくて、もったいない、と思うような女性が多い。エッセイストの岸本葉子などはその最たるもの、俵万智や香山リカあたりもちょっと「美」において劣るとしてもその類か。五十近くなっても、東大教授の黒田玲子のように美しくてかっこいい独身女性はいる（以前黒田がゲストでテレビ出演したとき、司会のノンフィクション作家、杉山隆男が「そのチャーミングさ」と繰り返していたのが印象的だった）。

一九八六年、フランス文学者の海老坂武の『シングル・ライフ』という本が話題になり、海老坂は年ごろの娘を持つ母親たちから、あれを読んで娘が結婚はしないと言いだして困っている、と苦情を言われたそうだ。「老嬢」変じて「シングル」となると、経済的に自立してさえいれば、さほど性的渇望を感じないような女であれば十分満足して生きていけるということだろうか。

だがその一方で、『クロワッサン』のような雑誌の独身志向に踊らされて婚期を逸した女たちが、四十を過ぎて後悔しているという趣旨の『クロワッサン症候群』（松原惇子）などという本もあったし、独身でやっているといっても親に寄生しているだけだという『パラサイト・シングルの時代』（山田昌弘）という、こちらは社会学的な指摘もあったのだが、結局、ろくな男がいないという口実ないし現実の前に、女たちはずるずる独身へと向かってゆくのであった（ただし、「いい男がいない」と言っている女たちが「いい女」だとは限らない）。

もっともそれも「美」と「才能」あればこその話、とは言い条、どうも現代の都会においては四十過ぎの独身男のほうが「男やもめに蛆がわく」の哀れさを漂わせているのは否めない。田中康夫や小泉純一郎は、いちど結婚しているしもてそうだからそうでもないのだが、「女やもめに花が咲く」と言われる日本では、よほど容貌がひどくない限り、独身女にあまり厳しくない社会なのかもしれない。

†「びんじょう」は「美女」か「便女」か?

ところでその「美」だが、司馬遼太郎の、北条早雲を主人公にした晩年の長編『箱根の坂』に「びんじょう」という言葉が出てくる。美しい女のことをそういうのだ、と言うのである。ニッコクで見てみると「美女」という漢字が当てられて、十二世紀の『梁塵秘抄』の「四句神歌」の用例があがっているが、日本古典文学全集から引用すると、番号は三四二番、「美女《びんぢよう》うち見れば、一本葛《ひともとかづら》にもなりなばやとぞ思ふ　本《もと》より末《すゑ》まで縒《よ》らればや　切るとも刻むとも　離れがたきはわが宿世《すくせ》」で全文である。訳文は「美しい女人を見ると、一本の蔦葛にも変身したいと思うことだ。葛となって、本から先まですっかり縒り合わせられたいものだ。たとえわが身は切られるとも刻まれるとも、離れがたいのは、わが深い宿命というものだ」(新間進一訳)。

しかしニッコクのもう一つの用例は、十三世紀末の『中務内侍《なかつかさのないし》日記』から「ひんてう雑仕、車の前に立つ」で、意味が違う。語義は「びじょに同じ」だから「びじょ」を見ると、「①容姿の美しい女。びんじょ」とあり、②として「(「末女」とも書く。美人を使ったところからという)召使の女。女中。非上。びんじょ」とあるから、中務内侍のほうは明らかにこの②だ。

ところがその①の用例が、まず平松家本『平家物語』巻九・義仲討死事から「二人の美女を具せられけり」である。しかし『日本古典文学大系』の覚一本では、ここが「ともゑ・山吹とて、二人の便女《びんぢょ》を具せられたり」となっていて、延慶本《えんぎょう》では「美女」だとしており、頭注では「美女をビンジョと発音したために便女の字を当てたものか」としてある。また、『新潮日本古典集成』では「美女」になっているが、水原一による頭注では、「武家で給仕・炊事の女をいう。（中略）しかしここは文字どおり美貌の女の意が強く、原義を超えて義仲の愛妾のごとき印象が示されている」とある。この解釈は定説らしいが、細川涼一はこれを受けてなかなか興味深い「巴小論」を書いている（『女の中世』日本エディタースクール出版部）。さらに網野善彦は、鎌倉幕府の職制として「美女」というものがあったことを、『吾妻鏡』などから四つほどの例をあげ、「王朝の後宮には見られない幕府独自の職名ではないか」としている（『中世の非人と遊女』明石書店、二二五頁）。

『梁塵秘抄』の歌が作られたのは鎌倉幕府成立以前だろうから、「美女＝びんじょう」という言葉には、平安朝末期から、美しい女、および召使の女の二つの意味があったのだと言えるだろう。ニッコクは「便女」という字を採用していないが、美しい女の意の用例としては、『東関紀行《とうかん》』（仁治三年＝一二四二）から「白衣の美女二人ありて」があがっている。これは貞観《じょうがん》一七年（八七五）に都良香《みやこのよしか》が『富士の山記』に書いたもの（『本朝文粋』所収）からの引用で、もとは漢文だから、あまり適切な用例ではない。

あとはキリシタン文書のほかは、元禄元年（一六八八）の西鶴『武家義理物語』から「此妻、美女ならば」なので紛れもなく①の意味だ。ただしこれは巻一の二、明智光秀（十兵衛）の若いころの話で、婚約した美しい女が疱瘡で醜い顔になってしまったのを、約束だからというので娶《めと》り、女は十兵衛の情けを忘れず尽くしたという話で、この用例の文脈は、もし美女だったらそちらに心を動かされただろうが、そうでなかったから十兵衛は武道に励んだという、いかにも武士的な美談である。

これに対して「美人」という語は、漢語では「佳人」と同じで、美しい女を意味したが、少なくとも戦国時代ころまでには、男にも使われるようになっていたらしく、ニッコクでは「容貌の美しい男子。美男子」の意味での用例として、天正一九年（一五九一）の『サントスの御作業』をあげている。ほかには寛永二〇年（一六四三）の仮名草子『心友記』、元禄五年（一六九二）の西鶴の浮世草子『世間胸算用』から例があがっているが、これらは時代的に男色が栄えた時期でもあり、『心友記』は男色の書でもあるが、その後男色が衰えてからはやはり「美人」は美しい女のことになったと見ていいだろう。

第十節　片思い、女たらし、嫉妬

(一)片思いの運命

†古くからある「片思」

日本最古の詞華集『万葉集』には、「片思《かたもひ》」という言葉がたくさん出てくる。

一、つれも無くあるらむ人を片思にわれし思へば侘しくもあるか（巻四、七一七、大伴家持《おおとものやかもち》）

（私のことなど眼中にないだろう人を、片思いに私だけが思っていると、何とつらいことよ）

二、丈夫《ますらお》と思へるわれをかくばかりみつれにみつれ片思をせむ（巻四、七一九、同）（りっぱな男子と思っている私だのに、これほど心もつれて片思いをするのかなあ）

三、相思はぬ妹《いも》をやもとな菅の根の長き春日《はるひ》を思ひ暮らさむ（巻十、一九三四、詠み人知らず）（私を思ってくれないあの子を、ぼんやりと、菅の根のように長い春の一日中思いつつ暮らすのだろうか）

四、相思はずあるらむ児ゆゑ玉の緒の長き春日を思ひ暮らさむ（巻十、一九三六、同）（私を思ってくれないあの子なので、玉の緒のように長い春の一日中を、思い暮らすことよ）

五、ねもころに片思すれかこの頃のわが心神《こころど》の生けりともなき（巻十一、二五二五、同）（心を尽くして片思いをするからか、この頃《ころ》の私の心は、生きているとも思えないことよ）

六、験《しるし》なき恋をもするか夕されば人の手まきて寝らむ児ゆゑに（巻十一、二五九九、同）（恋しても仕方ない恋をするよ。夜になると他の男の手を枕に寝ているだろうあの子のために）

七、伊勢の白水郎《あま》の朝な夕なに潜《かづ》くとふ鰒《あわび》の貝の片思にして（巻十一、二七九八、同）（伊勢の漁師が朝夕に潜きとるという、鮑貝のような片思いで）

八、片思《かたおもい》を馬にふつまに負せ持て越辺に遣らば人かたはむかも（巻十八、四〇八一、大伴坂上郎女《さかのうえのいらつめ》の、大伴家持に寄せる）（私の片思いを馬にすっかり乗せて越のあたりへやった

ら、人は心を寄せるでしょうか
（引用は中西進訳注『万葉集』講談社文庫より。歌番号、現代語訳もこれによる）

第二首で「丈夫」とあるのを「男子」と訳してあるが、西郷信綱によれば、この「ますらお」は、宮廷貴族という意味であるらしい。第六首は、人妻に寄せる思いだろうが、この当時のことだから、他の男が通っているという程度の意味、第七首は「磯のアワビの片思い」という発想の古い例である。第八首は、大伴家持が越中守なので「越のあたり」と言っている。

†「万葉」の時代の片思いの意味

ところが、ここで「片思」と言われているのは、たとえば一目惚れして、意中を打ち明けられないままに悶々としているとか、一応ラヴレターは出したのに振られたとか、そういうことでは必ずしもないようなのである。というのは、たとえば「門部王《かどべのおおきみ》の恋の歌一首」として、

飫宇《おう》の海の潮干《しおひ》の潟《かた》の片思に思ひや行かむ道の長道《ながて》を

という歌があげられているのだが、その後に、

右は、門部王の、出雲守に任《まけ》らえし時に、部内の娘子《むすめ》を娶る。いまだ幾時《いくばく》ならずして、既に往来《かよひ》絶えたり。月を累ねし後に、また愛《いつくしみ》の心を起す。よりてこの歌を作りて娘子に贈致《おく》れり。(巻四の五三六)

という詞書が付いているような例があるからだ。つまり、ここで「片思」は、いったん夫婦の契りを結び、自ら通うことをやめた男がふたたびその女に愛情を感じて歌を贈ったということであり、近代的な「片思い」とはだいぶ様子が違うのである。ならば、先にあげた他の「片思」の歌も、そのようなシチュエーションに基づいている可能性は高い。

実は、こういう例をあげて、日本人にとって「恋」というのは必ずセックスを伴うものだったのだ、西洋的なプラトニック・ラヴというものはなかったのだ、と論じる人がいる。だがそれはおかしい、ということを私はずっと言ってきた。たしかに万葉の恋歌は男女が「共寝」をしたあと、さまざまな障害によって隔てられたり、一方が心変わりしたりすることからくる苦しみを詠んだものが多い。

だが、奈良時代を中心にして詠まれた『万葉集』の歌は、やはりそれなりに原始的だから、セックスもしていないのに恋をする、というのは稀だったかもしれない。しかし平安朝になると、

『竹取物語』や『うつほ物語』そして『源氏物語』『狭衣物語』など、セックスしていないのに恋に狂うという例がいくらも出てくるのである。ニッコクの「片思い」の用例としては、『うつほ』「忠こそ」の巻から、「ただこそ、あこ君のもとへときどきかよふを、ままははの北方、うらやましとおぼしけれど、いとかたおもひなり」があげられている。

もっともこれは特殊な例で、橘千蔭という貴族の息子・忠こそに、実母が死んだあと、継母の一条北の方が横恋慕し、恋文を送ったりするのだがもちろん拒否され、忠こそがあこ君という姫のもとへ通うのをうらやましく思うのだが、継母の片思いだということである。北の方は忠こそと千蔭を陥れようとするのだが、継母が義理の息子に恋慕して拒絶されたので息子を破滅させようと謀るというのは、古代ギリシャのエウリピデスの悲劇『ヒッポリュトス』と同じである。歌舞伎『摂州合邦辻《せっしゅうがっぽうがつじ》』がこれに似ているとかねてから言われているが、インドにも同種の話があるから、ユーラシア大陸全体に見られる話型なのだろう。

†「源氏」のころの「片思い」は今とはまったく違う

ニッコクに載っているのは、ほかには『源氏物語』「帚木《ははきぎ》」巻の、いわゆる「雨夜の品定め」の中での、頭中将の物語から、「つれなくて、つらしと思ひけるも知らで、あはれ絶えざりしも、益《やく》なき片思ひなりけり」である（引用は『日本古典文学全集』より）。

しかしこれは「愚かな女」の例で、頭中将がふと見つけて通っていた女の、子どもさえ出来たのが、頭中将が知らないうちに彼の本妻から嫌なことを言ってきて、ひどく暗い様子だったけれど、中将がしばらく通わずにいたところ、行方不明になってしまった、という話なのである。だから当該箇所は、「平気な風を装って、その実、この人は冷たい、私を蔑《ないがし》ろにしている、と思っているのも私は知らないで、けっこう可愛いなあと思っていたのも、何だかすれ違いの片思いだったのです」という、わけのわからない話なのである。自分から通わなくなっておいてあとになって「片思い」だと言っているのだ。近代的な「片思い」とは、意味が全然違うと言っても過言ではない。やはりこの言葉自体は、万葉の感覚を引き継いでいる。しかも『源氏』のなかで「片思ひ」はこの一カ所しか出てこないし、「人妻」の場合と同様、ほかの平安朝文藝にもまず出てこない。

ニッコクの用例は他には、『日葡辞書』の語釈「歌語。一方だけからの愛」と、宝暦五年（一七五五）の浮世草子『地獄楽《じごくのたのしみ》日記』から「云なづけの殿御は気強い生れ、こっちで憧《こが》れて居るも片思《カタオモヒ》」で、これは「女の片思い」だ。

文政元年（一八一八）初演の歌舞伎舞踊劇『保名《やすな》』（外題《げだい》は『深山桜及兼樹振《みやまのはなとどかぬえだぶり》』篠田金治作）は、浄瑠璃『蘆屋道満大内鑑《あしやどうまんおおうちかがみ》』のなかの、恋人・榊の前を亡くした安倍保名（陰陽師・安倍晴明の息子だが架空の人物）が狂い舞うもので、今でもよく上演されるが、「恋よ恋われ中空《なかぞら》になすな恋」

で始まる義太夫と清元の掛合の浄瑠璃の中に、「かたしく袖の片思ひ、姿もいつか乱れ髪」というのがあって、これは「男の恋」ながら、いったんは契りを結んだ恋人の死を悲しんでのものだから、やはり近代的な用法とはかなり違う。

近代的な意味での片思いに当たる徳川期の言葉として、より一般的なのは「岡惚れ」である。「片思い」は、近代になって新しい意味を持たされた言葉なのだと言えようか。

「性の解放」が進んだ現代では、若い人のなかには、セックスもしていなければ手も握っていない女に恋し続けるなんて、おかしい、と言う人がいる。要するに日本がどうこう、西洋がどうこうというより、時代によって恋の捉え方は違ってくるということだ。

†「振り向いてくれない」は「愛してもらえない」こと

近代的な「片思い」、つまり今まで関係があったわけでもない相手（異性）に恋を感じて執着する行為については、『片思いの発見』（新潮社）の中で述べた。ところで、二十年ほど前から、「**振り向く**」という日本語が、その点で特殊な意味を帯びはじめている。

『新明解国語辞典』第五版でこの言葉を引くと、「からだ（の上の部分）を動かして、後ろを見る」というそっけない語義説明の後に、「これという女性には振り向いて（＝関心をもって）もらえない」という用例があげられているが、用例の意味はことさら説明されていない。『岩波国語辞典』第六版には、①として普通の意味があげられ、②として「注意を向けたり関心を示したりする」とあり、用例として「今では誰も―・かない品」があがっている。しかし、この二十年でひどく一般化したのは、「新明解」の用例の用法、つまり「(異性などが)愛してくれない」という意味なのだ。

これはほぼ間違いなく、一九八二年に大ヒット(一〇一万枚)したあみんの「待つわ」(詞曲、岡村孝子)の「たとえあなたが振り向いてくれなくても」という歌詞がきっかけである。もちろんそれまでにどこかで使われていた言い方なのだろうが、「片思いで、向こうは愛してくれない」という状態を示す適切な婉曲表現として、この言い方が若者の間で急速に広まった感がある。

西炯子《けいこ》のマンガ「おかぁさんといっしょ」(二〇〇〇年発表、『桃色の背中』小学館、所収)は、幼児のころ母親に虐待された女性が、自分の子どもにも同じ仕打ちをしてやろうと思うという怖い話だが、その中に、自分の幼児時代を回想して、「親に振り向いてもらえなくて/何かというと殴られた子供時代のあたし」という独白があったけれども、これはちょっと変だろう。「親に愛されなくて」と言えばすむのである。親というのは、他人ではないのだから、子どもに対して「振り向く」も何もない。本来の用法から逸脱している。つまり、もうここでは「振り向く」は「愛する」の代用表現と化しているのである。

こういう意味での使い方はいつごろからあるのだろう。昭和二七年(一九五二)からラジオ放送され、放送時間には女湯がカラになったと言われるほどヒットし、岸恵子主演で映画化もされた『君の名は』の原作者・菊田一夫によるノヴェライゼーションを見ると、「先生は西崎の悠起枝さんのことばっかり考えて、奈美をふりむきもしないから」とあるから、このころからあったことがわかる。しかし、こういう意味での「振り向いてもらえない」が私はちょっと嫌いだった。というのは、この表現には、事態をマイルドにしよう、現実を直視すまいとする意思が働いているように思えるからなのだ。

もちろん、「愛し返してもらえない」などという表現は、口語としては使えない。ならば、「相手にしてくれない」とか言えばいいのである。あるいは、アプローチして振られたなら、「振られた」と言えばいいのである。それを、「振り向かせようとして失敗した」などという表現でショックを緩和しようとする根性が嫌なのである。

†ストーカーには絶対に振り向いてはいけない！

しかし、「振り向く」という動作にそれなりの意味が与えられていたのは確かで、たとえば映画『第三の男』のラストシーンは、オーソン・ウェルズ扮するハリー・ライムを死に追いやったジョゼフ・コットンが道端で待っているところへ、ハリーの恋人だったアリダ・ヴァリが歩いてくるのだが、コットンには見向きもせず歩いて行ってしまうという有名なものだ。コットンはヴ

『第三の男』(1949／英)
写真協力（財）川喜多記念映画文化財団

ァリに仄かな恋心を抱いていたので、これぞ「振り向きもしなかった」見事な例だろう。

あるいはイーディス・ウォートンの『エイジ・オブ・イノセンス』では、結婚直前に別の女性と恋愛関係になってしまった男が、その女性を訪ねると彼女は桟橋に立っていて、男は彼女が振り向いたら声を掛けようと決心するのだが、ついに振り向かない。これも数年前マーティン・スコセッシが映画化した。

逆に、北島三郎の「函館の女《ひと》」（昭和四〇年＝一九六五、星野哲郎詞）は「後は追うなと言いながら／後ろ姿で泣いてた君を」なので、振り向かなくても後ろ姿で泣いていたりする（男の思い込みかもしれないが）。マラソンなどでも、先頭を走る者はあまり振り向いてはいけないことになっている。後ろの走者が迫っていれば気が焦るし、振り向いたことで後ろの走者を強気にしたりするからだ。

「ことば」ではなく「しぐさ」の話になってしまうが、ストーカーになってしまった男（女でも）が道端で待っていたりしたら、そちらを向いてはいけない。もちろん絶対に振り向いたりしてはいけない。これは鉄則である。

「愛し返す」の意味の「振り向く」は、ふつう肯定的には使われない。「振り向いてくれない」「振り向いてもらえない」「振り向かせようとして」といった使われ方をする。たとえば、「あたしは一生懸命、努力したのよ。でも彼は振り向いてくれなかった」という、女性の涙ながらの告白があるとする。これを仮に英語で言うと、would never love me といったあたりになるだろう。

昔、英国のジョン・オズボーンの『怒りをこめて振り返れ』という戯曲が話題になり、「怒れる若者たち」などという言葉さえできたくらいだが、戯曲自体は実に下らないもので、今日まともに論じるものなどいない。それはともかく、この原題は LOOK BACK IN ANGER だが、この look back に、「愛する」とか「関心を持つ」とかいう意味はない。ただ、英語にも care for という連語はあって、ほんらいは「気を配る」という意味だが、これにわずかに「愛する」という意味がある。

しかしだいたいが、「振り向く」は、冒頭に示したように、否定的な結果に終わったときに使われることが多いのだ。「それでとうとう彼が振り向いてくれたの！」と、まあ、言うかもしれないが、これでは「で、振り向いてどうしたの？」と言いたくなってしまう。要するに、「振り向いてくれなかった」＝「脈なし」という意味なのだ。

「靡《なび》こうとしない」という意味を古語に徴《ちょう》するなら、平安朝物語では「気づょい」だし、近代まで残った言葉として「つれなし（つれない）」がある。後者がいつしか使われなくなったのは、おそらく、これが花柳界の雰囲気を引きずっていたからだろう。藝者の類は、最初から客との「恋愛ゲーム」の相手として現れる。「つれない」が消えたのは、恋愛の相手が決定的に「素人女」になったからだろう。

†「片思い」の逆は？

話を片思いに戻そう。では片思いの逆を何というか。まあ現代人に訊けば「相思相愛」だ、と言うだろう。けれどこんな四文字熟語が昔からあったわけではない。「相思」のほうは、男女が思い合うこととして、古くからある。漢籍に用例を求めれば、『漢書』外戚伝に、「上愈益相思悲感」とある。

しかし「相愛」のほうを探すと、北村透谷はたしかに自分の恋愛を「相愛」と呼んでいるし、その当時はほかにも使う人がいたが、「愛」という言葉はもともと、あまり男女のそれに使われる言葉ではなかったから、「相愛」の用例を漢籍に求めると、『礼記』祭義から、「民に相愛することを教え、上下情けを用いる、礼の至りなり」というのが見つかる。それが「相思相愛」となると何やらだめ押しめいたしつこい言い方になるのだが、戦前においては用例はないだろう。

ニッコクでは、昭和四八年（一九七三）の杉浦明平《みんぺい》『三とせの春は過ぎやすし』から「相思相愛のいいなずけの親から前途見込みなしと言渡されて」がただ一つあがっているが、もっと古いのがある。昭和三一年（一九五六）の三島由紀夫『新恋愛講座』に、「よく世間でいわれる相思相愛というものが果たしてあるのだろうかということを考えてみましょう」とある。舟橋聖一『好きな女の胸飾り』（一九六七）にも出てくるが、その後で「しかし、それはいかに相惚れだったにしても、根底のない、蜃気楼みたいなものだったんだから……」と、より古い表現で言いなおしている。古い表現としては「諸恋《もろごい》」というのもある。

(二)「女たらし」は「女みたい」？

†「たらす」とはどういうことか？

大学一年生のころ、塾教師のアルバイトをしていた。ある時、休み時間に小学四年生の子たちが、別の男の先生のことを「女たらしい、女たらしい」と呼んで騒いでいるのを聞いて、一人ふたりをつかまえて、何が女たらしなの？　と訊いたら、髪が長くて女みたい、だと言うのだ。そこで、女たらしって、女みたいって意味じゃないよ、女にもてる人って意味だよ、と教えたら、えっ、そうなの、とちょっと虚を衝かれたようだった。

小学四年生にそういう言葉の意味を教えてもいいのかどうかという問題はともかく、彼らが**「女たらし」**という言葉をどこかで耳にして、「女ったらしい」と理解し、女のようだ、という意味にとったのは間違いない。

「女にもてる人」という私の説明も、正確とは言えまい。「女をたらす男」が正しかろう。だが「たらす」などという概念を小学生に理解させるのは困難だ。漢字を当てれば「誑す」で、『岩波国語辞典』では「うまいことを言って誘い込んでだます」とある。しかし、詐欺商法を行ってもそれを「たらす」とは言わないのだから、いずれも正確な語義とは言えない。『広辞苑』では、「甘言でだます。人を誘い込む。誘惑する」となっていて、いくぶん核心に近づいている。詐欺商法を「誘惑」とはあまり言わないだろうから。『江戸語の辞典』では漢字が違っていて「蕩す」で、「だます。また、特に色じかけでだます」となっている。

しかしこうだますだますと言われると、「女たらし」というのは結婚詐欺師か色魔のことでしかないのか、と思えてくる。『岩波』で「女たらし」を引くと、「多くの女をだましてもてあそぶこと。また、その常習者。色魔」とある。『新明解』のほうは、一部で有名な語義であるが、「美貌と巧言とで次つぎに女性を誘惑し、遍歴することに生きがいを感じる反社会的な男」とある。思わず笑ってしまうのだが、よく見ると、『新明解』には「だます」が入っていない（「たらす」のほうは「だます」である）。そして私たちは、「美貌」「生きがい」「反社会的」といった主観的な箇所を除けば、だいたい『新明解』の意味で「女たらし」を使っているのである。

ところが『岩波』には「女殺し」という項目があり、「女を殺すこと。また、女を迷わせる魅力的な男。美男子」とある。この項目は『新明解』にはなく、『広辞苑』では、「①女を悩殺すること。また、そのように魅力的な男」とある。『江戸語』ではこれは「おんなころし」と濁らず、「女を悩殺する男。女たらしの美男子」だ。どうもこれでは、私が「辞書を遍歴することに生きがいを感じる偏執狂的な男」になってしまいそうだが……。

†美人は「たらし」にくい

幸田文の『おとうと』（昭和三一―三二年＝一九五六―五七）に、「たらす」という言葉が出てくる。これは早逝した弟をめぐる自伝的作品で、本人が女学校へ行っているころのことだから、大正一〇年ころのことと見ていいだろうし、弟が不良の仲間になって言葉遣いが変わったことを問題にしたりしているから、リアリズム度は高いと見られる。弟が万引きをしたらしいことから、清水という巡査が私服で現れ、通学の土手の上で姉弟にからんでくる。「げん」というのが姉、つまり文自身のことだ。

「実際いやなやつだ、あいつは姉さんをたらさうとしてやがるんだ。」いやな言ひかただ。たらすなどといふ下劣なことばを遣へば、たらさうとするあいつと、たらされる姉と両方ともがあひこに下劣だ、といふふうに聞える。でもげんは黙つてゐた。

（中略）

「美人なんかたらさうと思つても、おいそれとたらせるものぢやないつて、中田やなんかさう云つてるよ。第一、娘が美人なら親たちが大事にしてゐて、とてもだめだつてさ」（後略）

（『新潮社日本文學全集　幸田文集』より）

これは興味深い。美人なら、親が大事にしているからたらしにくい、と当時の不良学生が言っていたというのだが、親云々は別にしても、今でも「ナンパ」するのに、あまり美人だとむずかしい、というふうになるのかもしれない。ところでこんなことを言われたげんは、もちろん不愉快である。引用文中、「スパッツ」というのは、その巡査が履いている靴による換喩である。

自分が不美人であることが、たらされる十分な資格だと云はれたのは、なんとも云へない情ない腹だゝしさで身にしみた。（中略）つまらない男に、たらす資格として挙げられた条件は、つまらなくない男、好ましい男に想はれる条件にはならないものだらうか。（中略）つまらなくない男に恋されるなんてことは、だめなんだろうか。スパッツが私をたらす、なんてきたたないんだ。

「女殺し」には、他にもそのヴァリエーションとして「後家殺し」のような言葉がある。つまりもともと「女たらし」は、肉体を弄ぶのが目的の悪い行為または男で、単に業平的なもて男は「女殺し」とされていたのが、後者が言葉として廃れていくのにつれて、前者が後者の意味を持つようになってきたのだと言えるだろう。「美貌」「美男子」に限定されているようなところが気になるのだが、美男子ならば許そうという感覚があるのだろう。『新明解』は、何が何でも許さん、という気迫が籠もっているが……。

†「男たらし」と「人たらし」、あるいはドン・ファン

では「男たらし」はどうかというに、これは辞書には載っていない。一九七六年に宇能鴻一郎が『男たらし』という小説を刊行しているが、もっと古く、昭和三九年（一九六四）にハヤカワ・ミステリでカーター・ブラウンの『男たらし』というのが山下諭一訳で出ている。原題は

The Seductress（誘惑する女）だからほぼそのままだ。ところが、司馬遼太郎は『新史太閤記』で、主人公の豊臣秀吉を「人蕩し」と呼んだ。これは見事な造語だと、私は思っている。ほんらいの「たらす」とは意味が違っているのだが、異性を悩殺して遍歴したりするのではなく、公的な社会のなかで、上にいる人物の心を巧みに摑んで出世の糸口にするというやり方だ。

ところが、秀吉の時代、というよりついこの前までは、公的な社会は男が握っていたので、こういう「人たらし」は、男が男をたらすものであり、たとえば主君の妻、あるいは女主人をたらすということはあっても、前者は度が過ぎれば主君当人の嫉妬をかってしまう。しかし現代のように女性が社会に進出してくると、前代未聞のことが起こりうる。「たらす」主体が男である場合は、たらす相手は主に男、稀に女、ということになるからさほど特異でもないのだが、女が女をたらす、ということが起こるのだ。もちろん同時に男もたらしているから、これこそ「人たらし」ということになろう。

美人はたらしにくい、とすると、「たらす」にもなかなか深いものがある。たとえば「女たらし」はたいてい、美男、あるいは優男ということになるだろう。これに対して、秀吉がそうであるように、「人たらし」の場合は、むしろ美男ではいけない、愛嬌のある顔のほうがいい。では女の「人たらし」はどうかというように、あまりにきりっとした美人ではやはりまずいだろう。少々愛嬌のある可愛い顔、というのが具合がいいようである。

さて、「男たらし」となると、もっと複雑である。というのは、「男たらし」というのは当人がそれなりの技巧を用いる、というニュアンスがあるから、美人がもてるのは当たり前、というわけで、たとえば美人で何人もの男を弄んだとしても「男たらし」というより、「魔性の女」などと呼ばれるのが普通だ。葉月里緒菜のように。そしてむしろ、ぱっと見には特に美人と思えない女が、次々と男を迷わせていると、「男たらし」と呼ばれたりするのである。大竹しのぶなどが、そうだろうか。

ところで、ドン・ファンというのは、西洋では悪い意味だが、遊里では、一人の娼婦や藝者に落ちつかずにあれこれと手を出す男を「箒《ほうき》」と呼んでいた。荷風の『腕くらべ』に「随分箒屋さんね」というせりふがあるが、悪口である。

(三)嫉妬——悋気か、妬みか

†「嫉妬」には二種類ある

「嫉妬」とは何だろう。といっても、何か哲学的なことを考えているのではない。

まず、『新明解国語辞典』第五版を引いてみる。「嫉妬」の項目。

しっと【嫉妬】それまで抱いていた優越感・愛情・独占感が突如他にしのがれるようになったことに気付いた時に感じる、ねたみの気持ち。ジェラシー。

ん？ 何かわかりにくい。「優越感・愛情・独占感」？ 「独占感」なんていう言葉があるだろうか。『広辞苑』第五版では、こうだ。

しっと【嫉妬】①自分よりすぐれた者をねたみそねむこと。②自分の愛する者の愛情が他に向くのをうらみ憎むこと。また、その感情。りんき。やきもち。

そう、普通は、こういうふうに二つに分けて考える。それを、「新解さん」はむりやり、一緒に説明しようとしているのである。じゃあ、「ねたみ」は何なのか。『新明解』で引く。「ねたみ」はなくて、「ねたむ」がある。

ねたむ【妬む】他人の幸運・長所をうらやんで、幸福な生活のじゃまをしたく思う。

相変わらず大胆な定義である。けれど、これじゃあ、『広辞苑』の②の意味はどこかへ行ってしまっている。たしかに、ある女が、恋人である男や夫が浮気をしていると知ったとき、「妬む」とは言わないような気がする。いや、言うだろうか。相手の女を妬む？　では、「悋気」は、どうか。「新解さん」で引く。

りんき【悋気】男女の間のやきもち。

と、そっけない。では、「**やきもち**」。

やきもち【焼き餅】①網にのせてあぶった餅。②やきもちを焼くこと。

えっ？「やきもち」は「やきもちを焼くこと」？　それって、説明？　でもその後に【――を焼く】があって、「『嫉妬する』意の口頭語的表現」とある。もとに戻ってしまった。どうも「新解さん」は、男女間の嫉妬に、あまり関心がないようだ。

しかし、『広辞苑』①のほうにも、ちょっと疑問がある。「すぐれた者」とは限らないのではないだろうか。「大したことないのに、出世しやがって」みたいなのもあるだろう。いや、そっちのほうが多いような気が、私にはする。きっと、「新解さん」は、そういう思いをしてきた人なのではないかと思う。それで、他人の幸福をじゃましたく思うのだろう。

ところで、「法界悋気《ほうかいりんき》」という言葉もある。「新解さん」によれば、「自分に直接関係しない事に嫉妬すること」。そう、この定義は、普通である。

要するに、「嫉妬」には二種類ある、と考えたほうがわかりやすいのである。自分の夫や妻や恋人の浮気への憎しみや恨みの感情と、他人の幸運・長所を妬む感情と。それでおそらく、「法界悋気」というのは、後者を指すのである。

†「ほんとうに愛されているのか」と考えるのは女だけか?

さて、私は、何を隠そう、嫉妬深い人間である。ところが、私の嫉妬というのは、ほとんどが「法界悋気」なのである。恋人がいたことがないわけではない。けれど、その相手が他の男とどうこう、というので嫉妬したためしがないのである。このことに気づいたとき、実は私は仰天した。妻の浮気への嫉妬といえば、シェイクスピアの『オセロウ』である。この戯曲では、妻が浮気をしているという疑いだけで、オセロウは怒り狂って、最愛の新妻を絞め殺してしまう。私は、この芝居がけっこう好きだった。オセロウの気持ちも、よくわかるような気がしていた。けれど、私にわかっていたのは、「自分が好きな女が別の男が好きだ」というときに味わう感情だけだったのである。

そのことに気づいたのは、大学で「恋愛の比較文化論」という講義をやって、学生にレポートを書かせ、三百五十本はあろうかというレポートを死にそうになりながら読んでいたときのことである。ある男子学生が、自分の体験を書いていて、好きな女性に交際を申し込んだら受け入れられたのだが、それでも「彼女はほんとうに自分が好きなのだろうか」という感情に苦しめられたというのである。

私は、唸った。そういう感情というものがこの世に存在するということを、知らなかったのである。信じられないかもしれないが、ほんとうである。私にとっては、好きな女性が自分と付き合ってくれているだけで、感謝感激雨あられ、嫉妬なんかしたら罰が当たる、なのである。「ほんとうに自分は愛されているのだろうか」と、現に付き合っていたり結婚していたりしながら悩むのは、実は女だけだと思っていたのである。

しかし、彼の申し立ては、ほんとうなのだろうか。要するに、彼と彼女は、どの程度の関係なのだろうか。キスをしているのか、もっとしているのか。だいたい、女と付き合っていて男が悩むのは、これである。していいのか、いけないのか。それならよくわかる。けれど彼は、そこまではっきり書く度胸がなくて、こういう書き方をしたのではないか。

「釣った魚に餌はやらない」などと言われるが、男女の間で、「釣る」というのは、男が女とセックスできたときのこととみていいだろう。もっとも、一回だけ、とか二回くらいはしたけれど、以後させてもらえないとなると、男はそれなりに困る。けれど、継続的にしていると、だいたい安心してしまうものなのだ。それで「餌をやる」のを怠ったりする。女の人は、「それはほんとうに愛していないからじゃないか」と思うかもしれないけれど、そうではない。条件反射のようなものなのだ。岩月謙司の本にも、だいたいこういう男女の違いが書かれている。

「自分とはたしかに継続的にセックスしているけれど、他の男ともしているんじゃないか」という疑惑、というのがあるのだろうか。これは、わからない。だいたい私は、そういう疑惑以前に、「捨てられるのじゃないだろうか」という不安のほうを感じるだろう。

けれど、だんだん聞いてみると別の男と関係を持っていたということがわかったりすると、きっとショックを受ける男性もいるのであろう。たぶん私も、若いころにそういうことがあったら、ショックを受けたかもしれない。

「じゃあお前は、恋人や妻が、別の男と会う、と言っても嫉妬しないのか」と言われるかもしれない。会うと言ったって、「あたし、浮気してるのよ」と言いながら出かける女というのはあまりいまい。だから、たまたま友だちとか同僚とかそういう人と、趣味があったから出かける、ということだろう。これも別に、嫉妬しない。

まあ、現実にそうなったらどうだかわからないが…。

与一節《よいちぶし》 いい女には「しなやか」が似合う？

「与一節」などという変な言葉は存在しないが、昔の武家では、男子が産まれた順に、太郎、次郎、三郎、四郎、と名前をつけていって、十郎のあとは「与一」としたらしい。『平家物語』で扇の的を射る那須与一は、だから十一男らしい。たまたま十節あって、そのあと、ということだが、これは、性や愛とは直接関係のない、けれどちょっと近いようなことを、おまけとして書くので、こうつけた。

†「しなやか」は「美しい」か「柔軟」か？

「**しなやか**」という言葉は、もともと、ものの属性を表す言葉であって、『新明解国語辞典』〔第五版〕では、「弾力が有って、そのものの状態（動作）がなめらかな様子。曲げてもすぐ元に戻る様子」として、「――な枝」という用法があげられている。しかし、『広辞苑』〔第五版〕では、そういう意味を①として、②は、「上品なさま。たおやか」という意味で、『源氏物語』から「しなやかなる童」(夢浮橋)という用例が出ている。そこで『角川新版古語辞典』を見ると、やはり同じ用例とともに、「しとやかなさま。すらりとして美しいさま」という意味が載っている。『広辞苑』の②は古語的な意味なのである。

ほんとうはもう少し細かく調べるべきなのだろうが、とりあえず、「しなやか」という語は、古くは人の美しさを、現代ではものの柔軟さを表す言葉になっていると言えようか。ところが、近年また、人の属性を示す言葉としての「しなやか」が復活しているようなのだ。ただし、それは民間から出てきた(この場合の民間とは、口語から自然発生的に、という意味)のではないと思われる。一九七九年に山口百恵が、「しなやかに歌って」という曲を出したとき、この「しなやか」の用法が斬新だったからである。作詞は阿木燿子で、この曲はかなりヒットしたから、阿木としては会心の言葉の選択ではなかったろうか。しかしだいたい「しなやかに歌う」とはどういう意味なのか。古語では、その人のたたずまい、あるいは容姿を指す言葉だったが、これを転じたとしても、「しなやかに歌って」が「上品に歌って」という意味だったとはちょっと考えにくい。

阿木はその前年、「プレイバックPARTⅡ」で、男の身勝手さに抗弁する女を描いて、「新しい女」のようなものを提示してみせたし、時代はむろん「上品な女」など求めてはいなかった。作曲はいずれも阿木の夫、宇崎竜童だが、「しなやかに歌って」は内容的には失恋の歌ながら、妙に明るい曲が付いていた。してみると、この歌詞の「しなやか」は、失恋の痛みを跳ね返す弾力のようなものを示唆していたと考えられる。つまり、ものの属性として「柔軟」を意味していた言葉を、人の心に応用したのである（余談だが、私は阿木燿子のひそかなファンで、宇崎竜童をちょっと妬ましく思っている）。

ところが、同じ一九七九年に、『もっとしなやかに　もっとしたたかに』という、藤田敏八《としや》監督によるにっかつ映画がつくられている。ロマンポルノだったが、その前年、東陽一《ひがし》監督による、高い評価を受けたATG映画『サード』で、まことに大胆でショッキングな全裸を披露した森下愛子を主演に、十八歳だと称して突然現れ、奥田英二（現瑛二）扮する男と同棲したあげく、十五歳の中学生だとわかる、天衣無縫で奔放な少女を描いた、まあちょっと今なら「いかにもオヤジ好み」と言われそうな映画ではあった。しかしこの映画の公開は四月、「しなやかに歌って」の発売は九月だから、時期的に見れば、藤田の映画の題を阿木が拝借したのだろう。もっとも前からある言葉を再賦活したことの著作権というのはないのだが……。

✝ついつい使いたくなる魅惑の言葉

それ以後、「しなやか」という言葉は、ひそかな流行語となったようなのである。もちろん「しなやかな肢体」とか「しなやかな動き」とかいうのは、もともとある表現だが、そうではなく、精神活動について「しなやか」が無闇に使われるようになったのである。特に、女性文化人に使われることが多い。「しなやかな感性」とか、である。

『朝日新聞』では、一九九〇年、夕刊の一面に「現代人物誌」というヒトもの企画があったが、四月一〇日に推理作家の夏樹静子をとりあげ、結びの言葉は「きゃしゃなからだに人一倍の好奇心をみなぎらせて、しなやかに跳び続ける」であり、その十日後に落合恵子をとりあげたときは、冒頭近くに「とくに女性が抱える問題にしなやかに身を処す」とある。ちなみに書いた記者はいずれも男で別人だが、女性文化人といえば「しなやか」、という風潮があったことを感じさせる。陸上の選手でもない夏樹に「跳び続ける」も変だし（文は小林慎也）、「身を処す」というのは自分自身の進退に関する表現だから誤用のような気もするが（文は黛哲郎）……。

まあ、美人あるいはやや美人の女性文化人について書く際「しなやか」を使いたくなる気持ちは、わかるのであるが。もちろん、男に関しても「しなやか」が使われることはある。硬く言えば「柔軟」という漢語になるところを、和語の響きがオンナにあう、と感じられるのである。特に、このころ「フェミニズム」が擡頭してきていたから、「しなやか」には「ゴリゴリのフェミでない」という意味が籠められていたのだろう。

とはいえ、女性文化人自身の側もこのフレーズはずいぶん使っている。著書の題名だけ見ても、菅原真理子『しなやかな女への生き方』（主婦の友社、一九七九）などは、七月の刊行だからAT

G映画にヒントを得たものだろう。もちろんタイトルは往々、著者と編集者の話し合いでつけるものだから、売るために、これだ！　とやるのは当然だ。

しかしさらに続いて、木村治美『しなやかに女の時間』（海竜社、一九八二）、南美希子『もっとしなやかにもっとしたたかに』（テレビ朝日、一九八三）は映画の題そのまま。佐藤綾子『しなやかに、イヴたちへ』（福武書店、一九八四）、藤本統紀子『女30代しなやかに生きる』（学研、一九八五）、桐島洋子『猫のようにしなやかに地球を歩こう』（角川書店、一九八六）、吉沢久子『女の気働き――しなやかに紡ぐ暮らしの知恵』（三笠書房、一九八七）、佐藤綾子、山口令子ほか『女学入門――しなやかにしたたかにいい女に』（一九八八）は、下重《しもじゅう》暁子、秋山さと子、三石《みついし》由起子、吉武輝子、沖藤《おきふじ》典子といった執筆陣。

さらに下重は九二年に『いま「女である」ということ――素敵に愛し・しなやかに働き・輝いて生きる』（大和出版）を出しており、同年には海原純子『もっと心しなやかな生き方を――女の心とからだの処方箋』（講談社）、ほかにもいくつかあるのだが、九五年にはタレント水島裕子の小説『しなやかな残酷』（扶桑社）が出ており、九八年には『独身《シングル》をしなやかに生きる心理学』（講談社）という翻訳を富田香里が出している。もちろん原題には flexible とあるわけではない。

こうなってくると、フェミ系でない女性文化人で「しなやか」に関わらなかった人のほうが少ないのではないかと思えるくらいである。ここでも念のために言えば、男の著者でこのフレーズをタイトルに使った人もいるのだが、いかにも「女の生き方」と結びついているという感は否めない（なお菅原真理子は東大卒、総理府に入り、婦人問題を担当して多くの本を書き、のち埼玉県副知事、今は坂東姓、当時三十二歳。三石由起子は早大卒、『ダイヤモンドは傷つかない』という小説でちょっと注目された作家）。

さらに九七年には、岡宣佳『ポックリ逝くために――しなやかにしたたかに生きる』、皆川一夫『ベトナムのこころ――しなやかさとしたたかさの秘密』、木内英夫『しなやかに、したたかに――You can do it!』なる三冊の本が出ているが、出版社はみんな別。最後のは、女子校演劇部の顧問をしていた人の回想録。にわかに七九年の映画のタイトルが、ポックリからベトナムから女子校演劇に至るまで採用されたというわけだ。よくよく、「しなやかに生きる」ってなフレーズが、心をそそったのだなあ。

後記

一九九五年の正月のことだから、八年も前のことになるが、当時、後に『〈男の恋〉の文学史』として刊行されることになる博士論文を書いていた私は、すっかりこの種の「恋愛」論に飽き果ててしまって、つくづく困惑していた。そのころ、やはり恋愛研究をしていた張競さん（明治大学）に「飽きませんか」と言ったら、「飽きます。結婚したらもっと飽きます」と言われたのを覚えている。なのにまだやっているわけだが、あれはいわゆる「スランプ」というやつだったのだろう、と思う。

視点を変えれば、まだまだ面白いと思ったのは、一つには、『愛の空間』を書いた国際日本文化研究センターの井上章一さんや、『セクシュアリティの歴史社会学』を書いた信州大学（当時は岡山大学）の赤川学くんと知り合ったことも大きい。じっさい、本書を書くに当たっては井上さんの方法にずいぶん刺激を受けたし、その資料の博捜ぶりには恐れをなして、これに負けないようにしなければと思ったのが、本書の水準をいくらかなりと高めていると思う。

もっとも井上さんは、インターネットでの調査などはしない、古書店巡りと付箋でやっている、と豪語しているが、私はかなりインターネットのお世話になった。別にインターネットに古今東西の書物がすべて載っているわけではないのだから、必要な時には現物に当たらなければならないのだが、図書館などにない古書の取り寄せや、雑誌記事や書物の検索などでは、インターネットが役に立った。井上さんも、そんなに気張らなくても、インターネットと図書館や古書店めぐり、両方やればいいのではないか、と思う。「中庸」である。

ところでこの種の研究には、「完璧」ということはありえない。もし完璧を期そうと思えば、近世から現代に至る万巻の書物のうち、性や愛に関するもののすべてに目を通さなければならないからで、そんなことをしていたら一生かかっても終わらない。井上さんは『愛の空間』を書くのに八年くらいかけたそうだが（まぁほかにいろいろな仕事をしながらではあるが）やはり刊行後すぐに不備に気づいたようだ。本書も、調べれば調べるほど前の記述を訂正しなければならなくなるので、どこかでやめて中間報告にするしかなかった。

刊行後も、というより校正刷りを見ている間にも訂正すべき点を見つけたが、それは仕方がない。学問は所詮、一人で完結させられるものではなく、一個人はその一部分を担当できるだけなのだ。特にこの種の研究は、辞書がそうであるように、改訂の連続になるだろうし、いずれもっと本格的なものにして出しなおすことになるか、他人が引き継いでくれるのを期待するしかないと思う。

まえがきに書いた『月刊言語』での連載では、小笠原豊樹さんにお世話になった。なおご当人も同誌の編集後記で書いておられたが、翻訳家・小笠原豊樹＝詩人・岩田宏とは、同名異人である。また読んでいただければわかるとおり、近代語との区別のために近世語も調べる必要があり、専門の延広真治先生（帝京大学）や板坂則子さん（専修大学）にお世話になった。それでも近世語についてはいろいろ間違いがあるのではないかと思う。それから、お世話になってはいないのだが、私がこういう研究をするようになったのは、やはり先輩の佐伯順子さん（同志社大学）の刺激による。佐伯さんには、行きがかり上、いろいろ失礼なことを書いてしまったが、この場を借りてお礼を述べ、お詫びしたい。平安朝に関しては、古典エッセイストの大塚ひかりさんにいろいろ教えてもらった。

編集担当はいつもどおり山野浩一さんだが、途中から若手の伊藤大五郎さんが加わった。この名前は高見山大五郎からとったそうである。高見山が入幕したのは一九六八年、『子連れ狼』はその後だから、大五郎は高見山が先である。

庭先の雑草がすくすくと伸びている。

小谷野　敦

❖性と愛に関する日本語＊関連年表❖

天和2（1682）井原西鶴「好色一代男」
元禄元（1688）西鶴「武家義理物語」
　　2（1689）西鶴「新吉原常々草」

正徳4（1714）近松門左衛門「栬狩剣本地」
　　5（1715）近松「生玉心中」

享保2（1719）近松「平家女護島」
　　15（1730）江島其磧「世間手代気質」

宝暦5（1755）「地獄楽日記」

安永5（1776）「誹風末摘花」初編
　　7（1778）並木五瓶「金門五三桐」

寛政5（1793）山東京伝「福徳果報兵衛伝」

享和元（1801）桜田治助「名歌徳三升玉垣」
　　2（1802）「祇園祭挑灯蔵」

文化6（1809）式亭三馬「浮世風呂」（～10）
　　10（1812）三馬「浮世床」（～11）

文政元（1818）篠田金治「保名」

文政 6 （1823）柳亭種彦「新うつぼ物語」
12（1829）種彦「修紫田舎源氏」開始

天保 5 （1834）西村定雅「色道禁秘抄」為永春水「貞操婦女八賢誌」（～弘化 5）
6 （1835）「柳の葉末」
8 （1837）松亭金水「郭の花笠」
9 （1838）為永春水「梅の春」
13（1842）「修紫田舎源氏」中絶
15（1844）瀧亭鯉丈「箱根草」

嘉永 4 （1851）金水「生写相生源氏」、「指使篇」

安政 4 （1857）「扶氏経験遺訓」
6 （1859）河竹黙阿弥「十六夜清心」
元治元（1864）山々亭有人「春色江戸紫」
慶応元（1865）有人「春色恋廼染分解」

明治22（1889）尾崎紅葉「二人比丘尼色懺悔」
24（1891）幸田露伴「艶魔伝」、紅葉「二人女房」
36（1903）国木田独歩「正直者」、小杉天外「魔風恋風」、島崎藤村「老嬢」
38（1905）木下尚江「良人の自白」
39（1906）小栗風葉「青春」、二葉亭四迷「其面影」、藤村「破戒」
40（1907）田山花袋「蒲団」、青木苫汀「我や人妻」
41（1908）夏目漱石「三四郎」、石川啄木「鳥影」、大塚楠緒子「空薫」

明治42（1909）漱石「それから」、森田草平「煤煙」、永井荷風「祝盃」、花袋「妻」、佐々木邦訳「いたづら小僧日記」

43（1910）森鷗外「青年」（～44）

44（1911）武者小路実篤「お目出たき人」

大正元（1912）武者小路「世間知らず」

2（1913）北原白秋「桐の花」、漱石「行人」

3（1914）漱石「こゝろ」

5（1916）荷風「腕くらべ」（～6）

7（1918）宇野浩二「苦の世界」（～10）、久米正雄「螢草」

8（1919）有島武郎「或る女」、里見弴「今年竹」前篇

9（1920）菊池寛「真珠夫人」

10（1921）志賀直哉「暗夜行路」前篇

11（1922）厨川白村「近代の恋愛観」、久米「破船」

12（1923）有島武郎情死

13（1924）谷崎潤一郎「痴人の愛」、宮本百合子「伸子」（～15）

14（1925）水上瀧太郎「大阪の宿」（～15）、菊池「第二の接吻」

大正15＝

昭和元（1926）梶井基次郎「雪後」、川端康成「文科大学挿話」、菊池寛「受難華」（～2）、細田民樹「愛人」、清沢洌「モダンガール」

2（1927）芥川龍之介「或阿呆の一生」「侏儒の言葉」、羽太鋭治「性愛研究と初夜の知識」「性愛技巧と初夜の誘導」、里見「今年竹」完結

昭和3（1928）「性愛大鑑」、加藤武雄「銀の鞭」
4（1929）岸田国士「由利旗江」（〜5）
5（1930）堀辰雄「聖家族」、中村武羅夫「静かなる曙」
6（1931）堀「あひびき」、梅原北明「世界性愛談奇全集」、海野不二「性愛十日物語」、近藤久男「性愛の神秘」、赤井米吉「性愛の進化・方向」
7（1932）大槻文彦「大言海」
10（1935）ロレンス「チャタレイ夫人の恋人」削除版、伊藤整訳、宇野千代「色ざんげ」、菊池「貞操問答」
11（1936）沢田順次郎「性愛・人生」
12（1937）石坂洋次郎「若い人」
13（1938）福井才平「現代人妻読本」
14（1939）高見順「如何なる星の下に」
15（1940）金関丈夫「Vagina Dentata」
16（1941）堀「菜穂子」、徳田秋声「縮図」

22（1947）田村泰次郎「肉体の門」、坂口安吾「青鬼の褌を洗う女」、織田作之助「土曜夫人」
23（1948）田村「肉体の悪魔」、井上友一郎「日本ロオレライ」、太宰治「人間失格」、獅子文六「てんやわんや」（〜24）
24（1949）林芙美子「浮雲」、吉屋信子「童貞」、高橋鉄「性愛五十年」
25（1950）「チャタレイ夫人の恋人」無削除版、伊藤整訳、野間宏「青年の環」第二部
26（1951）荒垣恒政「性愛手帖」、宇野浩二「思ひ川」
27（1952）ボーヴォワール「第二の性」生島遼一訳、野間「真空地帯」、舟橋聖一「藝者小夏」

昭和29（1954）庄野潤三「プールサイド小景」、伊藤整「女性に関する十二章」、舟橋「若いセールスマンの恋」
30（1955）石原慎太郎「太陽の季節」、池田みち子「女の放蕩」、林房雄「娘の縁談」、仁戸田六三郎「現代娘のX」、高橋鉄他「こいとろじあ」、「すてきなランデブー」（美空ひばり）
31（1956）丹羽文雄「愛人」「日日の背信」、石坂「陽のあたる坂道」（〜32）、三島由紀夫「永すぎた春」「新恋愛講座」、幸田文「おとうと」（〜32）
32（1957）三島「美徳のよろめき」
34（1959）丹羽「顔」、阿川弘之「ぽんこつ」（〜35）、三島「不道徳教育講座」、グレアム・グリーン「愛の終り」本多顕彰訳、北見洋子「ちょっと愛して」、作者不詳「人妻の肌」
35（1960）謝国権「性生活の知恵」
36（1961）舟橋「ある女の遠景」、杉靖三郎「完全なる性愛」
38（1963）池田敏子「デート・ブック」、福永武彦「忘却の河」、水上勉「越前竹人形」、野坂昭如「エロ事師たち」
39（1964）カーター・ブラウン「男たらし」山下諭一訳
40（1965）「情事の終り」本多訳（改題）
41（1966）「こまっちゃうナ」（山本リンダ）、森村桂「結婚志願」
42（1967）舟橋「好きな女の胸飾り」
43（1968）石川達三「青春の蹉跌」
44（1969）「白い色は恋人の色」（ベッツイ&クリス）
45（1970）「空に太陽のあるかぎり」（にしきのあきら）

昭和46（1971）奈良林祥「HOW　TO　SEX」
47（1972）柴田翔「ノンちゃんの冒険」初出
48（1973）「青い果実」（山口百恵）、週刊誌に「ラブホテル」登場
49（1974）「リア王」小田島雄志訳
51（1976）村上龍「限りなく透明に近いブルー」、宇能鴻一郎「男たらし」
52（1977）山田太一「岸辺のアルバム」、「クロワッサン」創刊
53（1978）阿木燿子「プレイバックPARTⅡ」（山口百恵）
54（1979）藤田敏八「もっとしなやかに　もっとしたたかに」、阿木燿子「しなやかに歌って」（山口百恵）、「現代用語の基礎知識」に「ラブホテル」登場
55（1980）「ヴァンサンカン」創刊、「恋人がサンタクロース」（松任谷由実）、「恋人よ」（五輪真弓）
56（1981）田中康夫「なんとなく、クリスタル」
57（1982）「待つわ」（あみん）
58（1983）鎌田敏夫「金曜日の妻たちへ」、林真理子「ルンルンを買っておうちに帰ろう」
59（1984）司馬遼太郎「箱根の坂」
60（1985）「金曜日の妻たちへⅢ」
61（1986）海老坂武「シングル・ライフ」
62（1987）俵万智「サラダ記念日」、村上春樹「ノルウェイの森」
63（1988）「ねるとん紅鯨団」放送開始、松原惇子「クロワッサン症候群」

1989 柴門ふみ「東京ラブストーリー」
1991 「東京ラブストーリー」(ドラマ)、上野千鶴子「対話篇　性愛論」
1992 乃南アサ「パラダイス・サーティ」
1995 橋爪大三郎「性愛論」、「ラ・ヴィ・ドゥ・トランタン」創刊
1996 大澤真幸「性愛と資本主義」
1997 田中貴子「性愛の日本中世」、渡辺淳一「失楽園」
1998 「マイ・フォーティーズ」創刊
1999 岩井志麻子「ぼっけえ、きょうてえ」
2000 「29歳の憂うつ」(ドラマ)

店舗のご案内

ブックオフでは、本以外にも
様々な商品を取扱っています

BOOK・OFF 新瑞橋駅前店

愛知県名古屋市瑞穂区瑞穂通8-15

10:00～21:00 ☎052-859-2500 年中無休

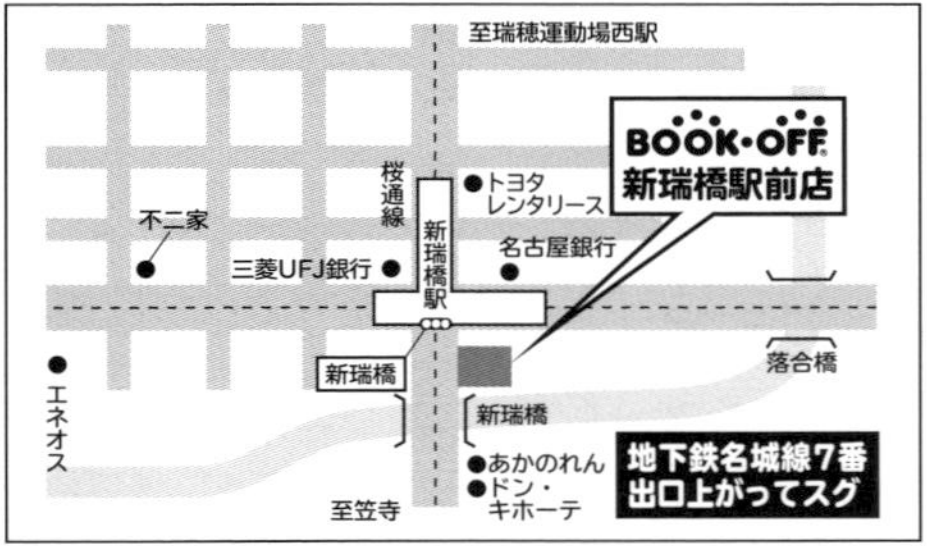

提携駐車場のご案内

下記駐車場がご利用いただけます

500円(税込)以上のお買上げ、
または1点以上
お売りいただいたお客様 30分無料

BOOK・OFF 新瑞橋駅前店で使える

買取クーポン

有効期限
2024/4/30(火)まで

買取金額 20%UP

※ゲームソフト・ゲーム機本体・トレカ・携帯電話・タブレットは対象外

●本券は記載店舗のみご利用いただけます。●その他クーポンとの併用はできません。●キャンペーン開催時にはご利用いただけません。●1回のお会計につき1枚限り有効となります。●お品物の状態により、お値段がつかない場合がございます。●出張買取は対象外です。

【利用可能店舗】BOOKOFF 新瑞橋駅前店

キリトリ線

BOOK・OFF 新瑞橋駅前店で使える

割引クーポン

有効期限
2024/4/30(火)まで

販売価格 50円OFF

※新品商品・店頭受取の商品は対象外

●本券は記載店舗のみご利用いただけます。●その他サービス券・クーポンとの併用はできません。ただし、株主優待券・BOOKOFFお買物券との併用はできます。●セール開催時にはご利用いただけません。●1回のお会計につき1枚限り有効となります。●本券の額面以下のお買物をされた場合、釣銭のお支払いはいたしません。

【利用可能店舗】BOOKOFF 新瑞橋駅前店

BOOK·OFF

BOOK・OFF

BOOKOFF 新瑞橋駅前店
052-859-2500

2024/04/08(月)10:34 (20212,01)

新書

¥220× 2	¥440
合計点数	2
小計	¥440
内税対象額(10%)	¥440
内税(10%)	¥40
合計	**¥440**
お預り	¥440
お釣り	¥0
担当者:ﾜﾀﾅﾍﾞ8056	08610

登録事業者番号:T9021001013831

020212202404081016207880

ブックオフ公式アプリ ダウンロードキャンペーン
2024.4/1(月) ~ 2024.4/30(火)
今ならアプリ会員登録・ログインで
200 今日から使える ポイントプレゼント
ダウンロードはこちら
ブックオフで使える200円分は、けっこうデカい!

主要語句索引

（イタリックはゴチックで登場するページ数を示す）

ちくま新書

ちくま新書

037 漱石を読みなおす　小森陽一
偉大なる謎――漱石。このミステリアスな作家の生涯と文学を新たにたどりなおし、その魅力を鮮やかにくみあげたフレッシュな再入門書。また漱石が面白くなる！

094 源氏物語――物語空間を読む　三田村雅子
愛に彩られた王朝のドラマをさまざまな植物や身体のイメージの交錯とズレに着目して読み直し、高度に洗練された物語の魅力をしなやかに説き明かす斬新な入門書。

182 百人一首への招待　吉海直人
百人一首は正月のかるた遊びとして有名だが、その成立事情や撰歌基準には今なお謎が多い。最新の研究成果に基づき、これまでとは一味違う百人一首の魅力に迫る。

247 こういう男になりたい　勢古浩爾
父はリストラに怯え、息子はいじめで不登校。のきなみ男に元気がない。この男受難の時代に「男」である意味を洗い直し、「男らしさ」を再提示する渾身の一冊。

260 泉鏡花　佐伯順子
泉鏡花の描く世界は、おどろおどろしくも美しく、繊細にしてさらに〈劇的〉でもある。幾度も映画化、舞台化されたその作品を視聴覚的要素に焦点をあて探訪する。

367 太宰治　弱さを演じるということ　安藤宏
もはや無頼派ではない。その文学を作家の卑下と敗北の表明でなく、他人との距離を埋めるためのパフォーマンスとして読む。「隔たりことば」の名人太宰の再発見。

371 大学受験のための小説講義　石原千秋
「大学入試センター試験」に必ず出る小説問題。これを解くには学校では教えてくれない技術が必要だ！　国公立二次試験にもバッチリ使える教養としての小説入門。

ちくま新書

ちくま新書

064 民俗学への招待　宮田登

なぜ私たちは正月に門松をたて雑煮を食べ、晴着を着るのだろうか。柳田国男、南方熊楠、折口信夫などの民俗学研究の成果を軸に、日本人の文化の深層と謎に迫る。

085 日本人はなぜ無宗教なのか　阿満利麿

日本人には神仏とともに生きた長い伝統がある。それなのになぜ現代人は無宗教を標榜し、特定宗派を怖れるのだろうか？　あらためて宗教の意味を問いなおす。

222 人はなぜ宗教を必要とするのか　阿満利麿

宗教なんてインチキだ、騙されるのは弱い人間だからだ――そんな誤解にひとつずつこたえ、「無宗教」から「信仰」へと踏みだす道すじを、わかりやすく語る。

226 若者と現代宗教――失われた座標軸　井上順孝

伝統と歴史の価値が失われる中で、現代人の精神世界はどのように変わっていくのか。オウム真理教やインターネット宗教等も現れ混迷する、宗教の未来を見据える。

246 地獄めぐり　川村邦光

悪行を犯すと堕ちるという地獄。心に深く刻まれたそのイメージは、現世が逆照射された世界だった。今に息づく日本の原風景をさぐる〈死後の世界〉の文化史。

351 日本人の神はどこにいるか　島田裕巳

21世紀は宗教の時代である。その巨大な力の根源はどこにあるのか。一神教と多神教という二分法や多神教国日本という常識に挑戦し、日本人の神学を問い直す。

407 お遍路入門――人生ころもがえの旅　加賀山耕一

これまで誰も書かなかった巡礼の極意と真相に迫り、車や観光バスでは味わえない歩き遍路の魅力と、道すがら見えてくる現代社会にまで言及した異色の遍路入門。

ちくま新書

276 安倍晴明伝説　諏訪春雄
風水や陰陽五行説の占い人気でブームとなった平安中期の陰陽師安倍晴明。陰陽道の来歴や二つの晴明伝説にまつわる数々のエピソードを紹介しつつ謎の人物像に迫る。

295 江戸の知られざる風俗――川柳で読む江戸文化　渡辺信一郎
タイム・カプセルに充填された江戸の人々の生活を、素資料としての古川柳を鍵とし、現代に開扉する。大都会、江戸の庶民の知られざる風俗、文化がここに甦る。

299 よみなおし戊辰戦争――幕末の東西対立　星亮一
徳川幕府最後の戦い戊辰戦争とは何だったのか。いまなお誤解に満ちた幕末の闘いを、史料や小説を題材に徹底検証し、日本近代史のよみなおしを迫る。

313 江戸村方騒動顛末記　高橋敏
江戸後期、彦根藩世田谷領宇奈根村では五〇年、三代にわたって村方騒動が繰り広げられた。古文書を読み解き「ものをいう百姓」たちの実像を浮き彫りにする。

328 村からみた日本史　田中圭一
江戸時代、村々には読み書きのできる人が驚くほどいた。残された史料から浮かび上がる教科書とは違う江戸時代像。「歴史の見方」を大きく変えるエピソードを満載。

343 江戸浮世絵を読む　小林忠
新興の大都市・江戸の自由な気風の中で、庶民の娯楽として生み出された浮世絵。それは、繁栄し爛熟した江戸社会の縮図でもある。浮世絵で読む闊達な江戸の全姿。

411 大坂商人　武光誠
大坂商人とは江戸期に活躍した商集団のこと。彼らは権力に与せず、自身の才覚によって商売を発展させた。本書は大坂豪商の系譜を辿り、経済史の変遷を解説する。

078 新選組実録 相川司 菊地明
浪士組の結成から池田屋事変、函館五稜郭での敗北に至るまでの激動の七年間を敢然と戦いぬいた新選組。最新の史料をもとに丹念に描く悲運のヒーローたちの軌跡。

127 海から見た戦国日本 ——列島史から世界史へ 村井章介
16世紀の日本列島周辺では巨大な変動が進行していた。キリスト教や鉄砲の伝来、交易ネットワークの形成などを通して、地域が世界に直接つながっていた時代を描く。

206 伊能忠敬の歩いた日本 渡辺一郎
日本地図をはじめて作り上げた伊能忠敬。事業家として成功の後、五五歳から全国測量を開始、第二の人生に花を咲かせた。その十七年に及ぶ足跡を辿り実像に迫る。

219 天皇がわかれば日本がわかる 斎川眞
天皇はなぜ続いてきたのか？ それは日本が律令国家の直系の子孫だからである。ウルトラ混合政体にいたる日本国家の本質とその由来の謎を明快に解き明かす。

251 江戸の役人事情 ——『よしの冊子』の世界 水谷三公
身分制と能力主義が微妙に組み合わさった江戸の官僚制。役所仕事の実際や、リクルート・昇進・引退などの人事システムを明らかにし、江戸役人の実像に迫る。

266 邪馬台国がみえてきた 武光誠
卑弥呼はどこにいたのか？ 九州か大和か？ これまでくり返されてきた議論を、吉野ケ里遺跡や黒塚古墳など最新の発掘をもとに科学技術的視点からみなおす。

270 百姓の江戸時代 田中圭一
江戸時代は本当にきびしい身分社会だったのだろうか。村の史料から、当時の庶民である百姓が知恵と元気でつくった経済社会の姿を描き、日本近世史をよみなおす。

062 フェミニズム入門 大越愛子
フェミニズムは女性を解放するだけじゃない。男性にも生きる快楽の果実を味わわせてくれる思想なのだ。現代の生と性の意味を問い直す女と男のための痛快な一冊。

116 日本人は「やさしい」のか——日本精神史入門 竹内整一
「やさしい」とはどういうことなのか？ 手垢のついた「やさし」を万葉集の時代から現代に至るまで再度検証しなおし、思想的に蘇らせようと試みた渾身の一冊。

166 戦後の思想空間 大澤真幸
いま戦後思想を問うことの意味はどこにあるのか。戦前の「近代の超克」論に論及し、現代が自由な社会であることの条件を考える気鋭の社会学者による白熱の講義。

392 「恋する身体」の人間学——シリーズ・人間学② 小浜逸郎
人を恋するとはどういうことか？ 人はなぜ希望や憧れを抱くのか？ 哲学が論じ損ねてきた問題である身体や情緒に光を当てて、人間存在の本質に迫る思想の試み。

073 虚構の時代の果て——オウムと世界最終戦争 大澤真幸
我々にとってオウムとは何か？ 地下鉄サリン事件とは虚構の時代の果てに勃発した世界最終戦争だった!? 虚像と現実が交錯する現代社会の機制を撃つ気鋭の論考。

218 パラサイト・シングルの時代 山田昌弘
三十歳を過ぎても親と同居し、レジャーに買い物に、リッチな独身生活を謳歌するパラサイト・シングルたち。そんな彼らがになう未成熟社会・日本のゆくえとは？

356 さみしい男 諸富祥彦
男たちは今、会社にも家庭にも居場所がなく、寂寞たる空虚感を抱えている。なぜかくもさみしいのか？ どう生きればいいのか？ 迷える男のための、心の処方箋。

ちくま新書

190 プラトン入門　竹田青嗣
プラトンは、ポストモダンが非難するような絶対的真理を掲げた人ではない。むしろ人々の共通了解の可能性を求めた〈普遍性〉の哲学者だった！　目から鱗の一冊。

200 レヴィナス入門　熊野純彦
フッサールとハイデガーに学びながらも、ユダヤの伝統を継承し独自の哲学を展開したレヴィナス。収容所体験から紡ぎだされた強靭で繊細な思考をたどる初の入門書。

238 メルロ＝ポンティ入門　船木亨
フッサールとハイデガーの思想を引き継ぎながら〈身体〉を発見し、言語、歴史、芸術へとその〈意味〉の構造を掘り下げていったメルロ＝ポンティの思想の核心に迫る。

254 フロイト入門　妙木浩之
二〇世紀の思想と文化に大きな影響を与えつづけた精神分析の巨人フロイト。夢の分析による無意識世界への探究の軌跡をたどり、その思索と生涯を描く気鋭の一冊。

265 レヴィ＝ストロース入門　小田亮
若きレヴィ＝ストロースに哲学の道を放棄させ、ブラジルの奥地へと駆り立てたものは何か。現代思想に影響を与えた豊かな思考の核心を読み解く構造人類学の冒険。

269 日本の「哲学」を読み解く ――「無」の時代を生きぬくために　田中久文
日本に本当に独創的な哲学はあるのか？　「無」の哲学を生みだした西田幾多郎・和辻哲郎・九鬼周造・三木清らをわかりやすく解説し、現代をいきぬく知恵を探る。

277 ハイデガー入門　細川亮一
二〇世紀最大の哲学書『存在と時間』の成立をめぐる謎とは？　難解といわれるハイデガーの思考の核心を読み解き、西洋哲学が問いつづけた「存在への問い」に迫る。

ちくま新書

008 ニーチェ入門　竹田青嗣
新たな価値をつかみなおすために、今こそ読まれるべき思想家ニーチェ。現代の我々を震撼させる哲人の核心に大胆果敢に迫り、明快に説く刺激的な入門書。

020 ウィトゲンシュタイン入門　永井均
天才哲学者が生涯を賭けて問いつづけた「語りえないもの」とは何か。写像・文法・言語ゲームと展開する特異な思想に迫り、哲学することの妙技と魅力を伝える。

029 カント入門　石川文康
哲学史上不朽の遺産『純粋理性批判』を中心に、その哲学の核心を平明に読み解くとともに、哲学者の内面のドラマに迫り、現代に甦る生き生きとしたカント像を描く。

071 フーコー入門　中山元
絶対的な〈真理〉という〈権力〉の鎖を解きはなち、〈別の仕方〉で考えることの可能性を提起した哲学者、フーコー。一貫した思考の歩みを明快に描きだす新鮮な入門書。

081 バタイユ入門　酒井健
西欧近代への徹底した批判者でありつづけた「死とエロチシズム」の思想家バタイユ。その豊かな情念に貫かれた思想を明快に解き明かす、若い読者のための入門書。

143 哲学史のよみ方　田島正樹
古代ギリシアに始まる精神の伝統を、弁証法の系譜や論理形式、キリスト教の影響などテーマ別に読み解き、古典の織りなす多面的で豊かな世界を提示する哲学史の冒険。

159 哲学の道場　中島義道
やさしい解説書には何のリアリティもない。原書はわからない。でも切実に哲学したい。死の不条理への問いから出発した著者が、哲学の真髄を体験から明かす入門書。

ちくま新書

418

性と愛の日本語講座

二〇〇三年六月一〇日　第一刷発行
二〇〇三年七月　五　日　第二刷発行

著　者　小谷野　敦（こやの・あつし）

発行者　菊池明郎

発行所　株式会社　筑摩書房
東京都台東区蔵前二-五-三　郵便番号一一一-八七五五
振替〇〇一六〇-八-四一二三

装幀者　間村俊一

印刷・製本　株式会社　精興社

ちくま新書の定価はカバーに表示してあります。
ご注文・お問い合わせ、落丁本・乱丁本の交換は左記宛へ。
さいたま市北区櫛引町二-六〇四　筑摩書房サービスセンター
郵便番号三三一-八五〇七
電話〇四八-六五一-〇〇五三
© KOYANO Atsushi 2003　Printed in Japan
ISBN4-480-06118-5　C0295